ジェンダー史とは何か

ソニア・O・ローズ

長谷川貴彦・兼子歩
［訳］

法政大学出版局

WHAT IS GENDER HISTORY?
by Sonya O. Rose

はしがき

この書物が論じるのは、主としてジェンダー史家が何を実践しているのか、についてである。本書は、ジェンダーの歴史ではなく、むしろ、ジェンダー史へのアプローチ、またジェンダー史の発展についての書物であり、ジェンダー史家の関心を呼んでいるいくつかの論点に考察を加えるものである。私は本書を通じて、ジェンダーや、男性や女性であることの意味や規範というものに焦点をあてる。本書は、女性史についての書物ではない。しかし、女性史や女性史のジェンダー史への貢献について議論した箇所もある。本書の第一の目的は、歴史学の訓練を受けているが、これまでジェンダー史というものに出会ったことがないような学生、また、ほかの学問分野で女性学やジェンダーについて研究してきたが、どのようにして歴史家がジェンダーにアプローチしているのかについて知る機会をもたなかった学生に対して、ジェンダー史へのひとつの導入を提供することにある。本書では、女性史やジェンダー史の研究者が展開した論争を取り上げて、ジェンダー史を研究するにあたって問題となるいくつかの点について全体像を与え、さらにジェンダー史の領域にみられる新たな動向を考察することにしたい。本書は、そのような全体像の提出に価値を見いだす研究者や学生にとって、より意味のあるものとなろう。

第1章は、「ジェンダー」、「歴史」、「フェミニズム史学」という用語に基本的な定義を与える。そこでは、女性史からジェンダー史への発展を概観して、学問に対する不均等なかたちでのジェンダーの影響について論じる。第2章は、より複雑なかたちでのセックスとジェンダーとの区別を取り上げ、身体とセクシュアリティの歴史を考察する。第3章は、ジェンダーと人種や階級との交錯について、特に奴隷制と植民地主義を事例として取り上げる。第4章は、読者に男性と男らしさについての研究を紹介し、男性史への多様なアプローチを論じることにする。そして、時間を経るなかで変化してきた「男らしさ」の認識、ある特定の歴史的時期に理解され実践されてきた「男らしさ」の意味の多様性を強調したい。第5章は、ジェンダー史家が、歴史家にとって中心的な問題に広く貢献してきた点を明らかにする。とりわけ、植民地主義による征服、革命、ナショナリズム、戦争に焦点をあてながら、一七世紀から二〇世紀へといたる事例を取り扱う。第6章は、ジェンダー史研究へのアプローチをめぐる論争を検討して、読者に新たな動向を紹介する。そこには、主観性に対する精神分析的なアプローチやトランスナショナルないしはグローバル・ヒストリーも含まれる。こうした動向の紹介は、本書に含まれるほかの論点や問題に関する研究の評論ないしは覚書としても役に立つであろう。

本書は、どのように研究者たちがジェンダー史にアプローチしてきたかについて総括し、ジェンダー史家が関心をもつ特定の論点についてのかなり詳細な歴史研究の事例を提供する試みとして執筆されている。そのような書物が、ジェンダー史のような多様でかつ豊かな内容をもつ研究領域のすべての事柄を含むことは不可能である。したがって、ジェンダー史家が立てている問題、また、どのようにしてそれらに答えようとしているのかについての理解を読者に提供しようとしたにすぎない。事例となるテクストは、主として北アメリカとイギリスについての著作からとったが、なるべく世界各地の事例を提供しようと試みている。また、私の専門が近代史、とくに一九世紀と二〇世紀にあるために、これらの時期に焦点が当てられた。しかし、一三世紀から一八世紀にいたる時期の刺激的な研究についての議論も含めることになった。多様な地域、国家、時代から特定の論点についての歴史に関する理解を提供しようとしたのである。そのような事例は、歴史的なコンテクストを欠いているように思われるかもしれない。だが、そうした歴史があまりなじみのないものであるがゆえに、ジェンダー史家の発見から、読者がなにがしかを学ぶことができるのではないかと期待している。

本書は、あまたのフェミニストの歴史家にも多くを負っている。彼／彼女たちは、過去、何年にもわたって私に刺激を与えた著作を世に送り出してくれた。ここでは、そうした作品のすべての名前を挙げることは望むべくもない。また、必ずしも本文中でもそれらの著作が引用されたわけではない。しかし、それらの著作の多くは、本書の巻末にある論点ごとにまとめられた読書案内に収録されている。とりわけ感謝をしたいのは、ポリティ出版社のアンドレア・ドルガンである。彼女は、私を支え、励まし、原稿や質問に素早く対応してくれた点で、編集者とはかくあるべき模範的な存在であった。またジャスティン・ダイアーは、余人をもって替えがたい編集の仕事をしてくれた。私はまた、ポリティ出版社の匿名の査読者に対しても感謝を申し上げたい。キャサリン・ホール、キース・マクレランド、ビル・シュワルツなどロンドンの友人たちは、この書物を執筆している時に、私の問題関心に耳を傾けてくれた。スー・ジャスターには、植民地期の北アメリカにおけるジェンダーに関する興味深い研究を教示してくれたという点で、特に御礼を述べたい。そして、最大の謝意は、グェンター・ローズに捧げることにしたい。この書物を執筆することは、私が予想していたよりもずっと困難で複雑なものだった。しかし彼は、私を辛抱強く支え続け、私が経験した苦悩にも耐えてくれたのである。

目次

凡例

• 本文中の〔 〕は訳者による補足・解説を示す。
• 原書は、各章の「結論」以外に小見出しがないが、原著者の了解のもと内容に即して小見出しを補った。その場合、補った小見出しには〔 〕を付した。
• 文献の書誌情報については、原書の誤りを訂したほか、情報を付加した場合がある（これらはとくに注記しなかった）。邦訳があるものは書誌情報および該当頁を併記した。

ジェンダー史とは何か

第1章　なぜジェンダー史なのか？

〔歴史学とジェンダー〕

「ジェンダー史とは何か？」という本書のタイトルが提起している問いに答えるとするならば、ジェンダーには歴史があり、また歴史的に重要であると述べることで、読者には納得していただけるのではないかと思う。最初に、自明に思われるが実際は複雑であるもの、つまり「歴史そのものを、どのように考えるか」という点について検討してみよう。

歴史学は、過去についての学知から構成されている。このことが意味するのは、歴史というものが、過去についての研究の産物だということにある。こうしてみると、読者は不思議に思うかもしれない。つまり、歴史とは過去のことではないのかと。常識にしたがえば、もし歴史に関心をもつ者がいた場合、その人物は現在よりも前に起こったことに関心をもっていることになるだろう。しかし、明らかにしておきたいのは、過去というものが、歴史研究を通じて再構成されるということ、すなわち歴史家によって創出された「学知」だという点にある。このことは、生産される学知にとって、再構成のプロセスが何よりも重要となることを意味している。私たちが過去について知っていることは、歴史家が立てた問い、ならびにそれへの歴史家の解答に依存している。すなわち、歴史家の関心の対象になってきたのは、どのようなものであったのだろうか、歴史家は過去を研究するにあたって、何を重要なものと見なしたのか、また、どのように過去を研究したのか、どのように発掘した史料を解釈したのか、といったことである。事態を複雑にしてしまうが、そうした問いに対する解答そのものが、時代を経て変化してきている。歴史家も歴史の外部にいるわけではないので、現実の歴史によって、また、彼らが生きて仕事をしている、政治的、文化的、社会的、経済的な状況によって、歴史家は規定されるものなのである。したがって、歴史学それ自体が、ひとつの歴史をもつ。このことは、ジェンダーとジェンダー史の問題を考察するにあたって、心に留めておかねばならない重要な基礎的知識となる。

歴史家たちの研究対象へのアプローチの手法は様ざまであったし、それは現在でも変わっていない。しかし、次のような前提を共有していることは間違いなかろう。民衆が生活を営む状況や、そうした状況をかたちづくった社会は、時間が経つにつれて変化している。そうした変化はあまたあり、かつ多様でもある。変化が発生する速度もまた様ざまである。しかし、変化や変容を想定することは、歴史研究にとって根源的なものとなる。とはいえ、必ずしもすべての歴史研究が変化のかたちを示し、また説明をしているわけではない。ある出来事やプロセスが、社会のある側面を変化させるために不可欠である点を示すことに熱心な歴史家がいる。その一方で、時代を超えた連続性を生み出すプロセスを研究することに関心をもつ歴史家もいるし、過去のある特定の時期や一定期間の生活の諸側面を描くプロジェクトに傾倒する歴史家もいる。そうした歴史家は、変化そのものに焦点をあてているわけではない。にもかかわらず、彼らが発掘し叙述している生活の特徴は、時間をかけて進行している社会的ならびに文化的プロセスの産物であると想定しているのである。

ジェンダー史は、男性や女性として定義されるものが歴史をもつという根本的な認識にもとづいている。ジェンダー史家は、男女の差異、その関係性の構成、そしてジェンダー化された存在としての男性や女性の内部の関係性の特質などについての歴史的な変化に関心をもち、過去のある特定の時期の、ひとつの社会の内部の多様性に関心を抱いている。そうした差異や関係性が、どのようにして歴史的に生み出され、変容したのかに関心を示しているのだ。大切なのは、歴史的に重要な出来事やプロセスにジェンダーがおよぼす多様な作用にも関心をもっていることである。ジェンダー史家の関心、またそうした歴史家がどのようにジェンダー史を「実践」しているのかを研究するには、「ジェンダー」という用語の意味を考察することが不可欠となろう。

研究者がジェンダーという用語を使うのは、知覚された男女の差異や男女についての認識を示すためである。ジェンダーの定義にとって根本的なのは、そうした差異が社会的に構築されたものだという認識である。男性であることの意味、女性であることの意味、男らしさや女らしさの定義や理解、男性や女性のアイデンティティの特徴。これらはすべて、文化の産物なのである。それでは、なぜ「セックス」ではなく「ジェンダー」という言葉を用いるのか。男性と女性、男らしさと女らしさの差異を性的な差異ではなく、ジェンダーの差異として語るのはなぜなのか。次の章でより詳細に論じるように、ごく最近では「セックス」と「ジェンダー」は同義語と見なされ、通俗的な言葉のなかでは互換性をもつものとして頻繁に使用されている。しかし、「ジェンダー」という言葉は、もともと性的な差異が文化的に構築されたものであることを示すためにフェミニストの研究者によって用いられてきたもので、「セックス」という言葉が「自然」ないし「生物学的な」差異を意味すると考えられてきたのとは対照をなす。

二〇世紀の最後の一〇年間に、人類学や歴史学、社会学を含む多様な学問分野において、女性やジェンダーに関する研究が増大して、その影響が広がっていった。だが、それ以前は、男女の差異は自然にもとづき、そうした「自然な差異」が、男女の社会的地位や社会関係で観察される差異、世界における男女の存在様式、多様な権力形態における男女の違いの原因となったりそれらを説明したりするものと一般的には考えられてきた。重要なのは、男女の関係の階層的性格が当然視され、問題視されなかったことにある。男女の多様な差異は文化的産物というよりも自然なものであるという想定があったということは、次のようなことを意味している。つまり、ジェンダーには歴史があり、ジェンダーが歴史学にとって重要である、と歴史家が考え始めるには、特異な歴史的状況の発生が必要だったのである。

〔フェミニズム史学〕

ジェンダー史は、女性史の研究や論争に応答するなかで発展してきた。ひとつの研究分野としての女性史は、一九六〇年代後半になってようやく花開き、一九七〇年代になって満面開花した。そして今日にいたるまで、ジェンダー史の重要な構成要素であり続けている。しかし、それより前にも女性の歴史は叙述されてきたのであって、一九六〇年代以降の女性史の発展は、いわば、ひとつの学術分野としての女性史の形成を促した新しいコンテクストのなかでの再興やルネサンスとも見なしうる。二〇世紀以前に執筆された女性の歴史は、一般的に女王や聖人などの人物に関心を寄せており、ほとんどの場合、普通の女性の生活は記録されていないか、痕跡を残すものではなかった。もちろん少数の例外はあり、二〇世紀前半に執筆された現代の女性史の先駆となる著作もある。そうした重要な先駆者には、イギリスにおけるアイリン・パワー、アリス・クラーク、アイヴィ・ピンチベック、アメリカ合衆国のジュリア・スプルール、メアリ・ビアードなどが含まれている。彼女たちの研究を無視して、専門の歴史家は、母親、家内奉公人《サーヴァント》、労働者、消費者としての女性の活動を歴史にとっては意味のないものと考えていた。一九六〇年代後半から一九七〇年代より前の時期に執筆された女性の歴史は、一般的に当時の学術的な歴史や通俗的な歴史に組み入れられることがなかったのである。

それではなぜ、女性は、「主流派の歴史家」に無視されていたのであろうか。新しい女性史の発展のなかで早い時期に認識されていたことだが、主たる理由は、女性が歴史の研究対象として無視されてきたことにあった。なぜなら、歴史家はほとんど疑いなく、歴史というものを男性が主たるアクターとなる政治や経済の領域における権力の行使や移動に関するものと見なしていたからである。女性史の登場やその発展は、社会史家のあいだで生まれつつあった歴史実践の再考に貢献するものとなった。社会史家は、過去を理解するうえで庶民の日常生活についての知識が重要だと見なしていたのである。しかし、社会史家もまた、女性を歴史的アクターとして無視していた。なぜなら、彼らは男性、とくにヨーロッパや北アメリカの白人男性を普遍的な歴史の主体として誤って理解していたからである。たとえば、「労働者」は、男性的な形象で思い描かれてきた。したがって、労働史も、家庭はもちろん、農場や作業場、工場での女性の仕事を顧みてこなかった。

女性史家は、男性と同じように女性も労働者であり、地域社会の活動家であり、社会改革家であり、革命政治家であったことを発見して、女性の労働が家計やより広い意味での経済に貢献してきたことを証明した。ここで重要なのは、女性史家が、政治や権力に関するそれまでの狭い定義に決定的な異議申し立てをおこない、政府や政党の外部にある生活領域、とくに普通の民衆の「私生活」を含むものにまで視野を拡大した点にある。そうした研究者は、家庭内暴力や売春、出産など、文化的ないしは社会的というより「自然である」と考えられてきた論点にまで踏み込んでいった。そうした伝統的な歴史実践に対する異議申し立ては、女性史の登場と発展に寄与するような歴史学の展開そのものから生まれ出たものである。

ひとつの研究領域としての女性史は、女性運動、あるいは「第二波フェミニズム」と呼ばれてきた運動の産物であった。この言葉は、女性参政権の獲得や女性の不平等に関連する多くの問題を提起しようとした、一九世紀や二〇世紀初頭のフェミニズム運動と区別するために用いられている。フェミニズムは、女性史への関心を喚起し、また、その分析的アプローチを生み出すにあたって、中心的な役割を演じた。今日、みずからをフェミニストと見なす者は、フェミニズムの目的がどのようなものであるべきかという問題について明確な一致点をもたない。その一方で、フェミニズムにとって根本的なのは、女性が男性と同じく基本的な人権をもつべきだという考え方にある、という点には合意するであろう。フェミニストは、一般的に男性に比べて女性が不利益を被っていると論じている。ジェンダーが社会的な世界をパターン化しているために、女性が不利な立場にあると考えているのだ。あらゆる場所において、女性が男性と同じ便益を手にしなければならないという理念ゆえに、フェミニストの研究者は、過去の女性の生活の語られざる歴史を再構築し、女性に従属的な地位がもたらされた理由を暴露し、歴史的な記録から女性が明らかに省略ないしは排除されてきたことに疑念を投げかけようとした。二人の合衆国を基盤とするヨーロッパ人歴史家、レナート・ブライデンソールとクローディア・クーンツは、一九七七年に出版された『可視化される女たち——ヨーロッパ史における女性』という適切なタイトルを付した論文集への「序論」において、次のように述べている。「この書物のために執筆された論文は、女性を歴史のなかに復権し、女性の独特な歴史的経験の意味を考察するものである」と。(1)

概して女性運動が女性史への関心を喚起した一方で、フェミニストの研究者がとった道のりは、ナショナルな文脈によって異なるものとなった。歴史研究における女性の立場は、制度的な文化によって国ごとに異なるものとなり、女性研究者に門戸を開放する国もあれば、そうでない国もあった。たとえば、女性史が合衆国で比較的早く発展したのは、一九七〇年代初頭に大学のなかで制度的支援を獲得し始めたことが理由としてあげられる。イギリスでは、制度的支援の発展が遅れ、フェミニズムに影響を受けた歴史家たちは学術機関の外部から女性史を始めることになった。しかし、一九八〇年代後半になっても、女性史は依然として学界では軽視されており、今日でもフェミニストの歴史家たちは女性とジェンダーを歴史叙述のいくつかの領域に組み入れようとして格闘している。フランスやドイツにおいては、女性史が専門職の男性の歴史家に受容されるのに、さらに時間を要している。

女性史家はフェミニズムに刺激を受けていることでは共通していたが、学問分野としての女性史の内容と方向性は、様ざまな国の枠組みのもとでいくぶん異なったかたちで展開した。[2] 合衆国では、「領域分離」という概念が極めて強い影響力をもってきた。研究者たちは、女性の従属の起源を探し求め、過去に生きた女性の生活の様子とそれに対する影響を再構成するために、家族と世帯を中心とした活動の空間ないし領域における生活や行為として「領域分離」を描くことになる。リンダ・カーバーが記しているように、歴史家たちは史料のなかに「女性の領域」という言葉が使われていることを発見し、翻って、「歴史が何を対象として、また再構成した物語をどのように語るのかについて、二〇世紀の歴史家たちの選択を方向づけていくことになった」[3]。バーバラ・ウェルターの一八二〇年から一八六〇年にいたるアメリカの女性の生活を論じた一九六六年の論文は、極めて大きな影響力をもった。そこでは、いわゆる「真の女性らしさの礼賛」とは「敬虔、純血、従順、家庭重視」[4]という規範によって、またその徳目のために生活をしなければならないことを規定する、ひとつのイデオロギーだとしている。ウェルターは、研究の対象を、白人で北部の中産階級の女性にしぼって、作法書、説教録、女性雑誌などの活字文献を史料として用いた。女性史の領域が変化して多様化するにつれて、ウェルターの分析は、規範的な文献のみを史料としていること、ある特定の女性の集団のみを対象としていることを理由として研究者から批判が加えられるようになった。しかし、それは、一九八〇年代にいたるまで合衆国で主として強調点がおかれる研究の嚆矢となった。それはまた、叙述的ではあるが、女性を閉じ込め、女性たちの生活を規定する家父長的な関係に批判的であり、ほかの女性史の復興期の著作と同じように、女性への抑圧を強調していた。重要なのは、こうした徳目の礼賛が多様なる反応を引き起こして、奴隷解放運動や南北戦争を含む広範な社会変化とあいまって、女性が狭く囲い込まれた家庭の領域を超えて活動の領域を広げていった点を、ウェルターが示しているということである。

一九世紀アメリカ史における「女性の領域」は、一九七〇年代半ばから一九八〇年代初頭にかけてのフェミニストの研究者によって、「女性の文化」として描かれるようになるものの基盤として分析された。「女性の文化」という観念を発達させつつあった研究者は、いかにして、またなぜ女性が家父長的な社会の犠牲者であったかの分析に対象を限定することなく、むしろ歴史における女性が取り結ぶ関係の中心性を研究することに関心をおいた。キャロル・スミス・ローゼンバークは、ある重要な論文において、手紙や日記の分析にもとづきながら、一九世紀アメリカでの女性の生活を理解するには女性相互の関係性が重要であると論じた。彼女が論じるには、女性は、親類として、隣人として、友人として日常生活を一緒に過ごしていた。女性の友情は、献身と連帯感によって特徴づけられるものであり、女性の生活にとって情動の面で極めて重要であった。さらにスミス・ローゼンバークによれば、ヴィクトリア朝の女性の関係性には、思春期から成人にいたるまでの肉体的な官能性、セクシュアリティ、情動的な愛着が含まれていた。スミス・ローゼンバークにとっての女性の領域とは、単なる分離された領域を意味するのではなかった。それは、「女性によって共有された経験や相互の愛着から生まれ出た、欠くことのできない規範と尊厳をもつものだったのである」[5]。ナンシー・コットは、一七八〇年から一八三五年にいたる家庭重視と女性の領域というイデオロギーの発展に関する分析のなかで、「女性の領域」の理解を新たな地平へと移動させた。彼女の書物のタイトルは『女たちの絆』であり、そこには「絆」という用語が束縛と結合のふたつの意味を兼ね備えた点を強調する意図があった[6]。コットは、規範的な文献に加えて日記を史料として用いることによって、家庭重視イデオロギーがもつ抑圧的な影響を暴露した。だがより重要なのは、女性同士の連帯の感覚が女性の領域で醸成されることを示した点にある。この影響として、女性のなかには、女性として政治的に自覚をもち、権利を獲得するために組織化するものがあらわれるようになった。

イギリスでのフェミニストの歴史研究は、女性運動と、社会主義者やマルクス主義者によって刺激された社会史や労働史によって覚醒されることになった。一九七〇年代や一九八〇年代初頭に、フェミニスト史家たちは、女性の生活あるいは活動が性や階級を基盤とした分断によって影響を受けていた点を理解することに熱心であった。一九七〇年代のシーラ・ローボタムによる重要な出版物は、マルクス主義とフェミニズムの両方の影響を受けていた。ローボタムは、一九七三年の『女性の意識、男性の世界』で「女性に対する男性の家父長的な関係、またそこから派生する所有関係にもとづく階級による搾取や人種差別などへの関係を理解する」必要性を論じた(7)。同年に刊行された『歴史から隠されて』では、一八世紀後半から一九世紀初頭にかけての資本主義が女性の生活に与えた影響を概観して、フェミニズムや社会主義的プロジェクトにおける女性の参加を批判的に研究した(8)。サリー・アレクサンダーによる一九七〇年代中葉のフェミニズムから刺激を受けた研究は、資本主義的生産様式についてのマルクスの概念を批判的に検討している(9)。世帯が生産の単位であった時代には、家族によって表出され、かつ家族の内部で再生産される性別分業が資本主義の形態を規定し続けたのであって、それは一九世紀ロンドンにおける産業組織の変容にみてとれる。アレクサンダーは、この世帯内分業が工業化に対してもったインパクトを含んだ経済分析が、フェミニズムの歴史研究にとって中心的なものとなると主張した。

ジル・リディントンとジル・ノリスによる北部イギリスの労働者階級女性の参政権運動への参加をめぐる重要な研究は、一九七八年に刊行され、参政権運動、労働と家族生活、労働組合運動への参加をめぐる関係性を慎重に論じている。[10] リディントンとノリスの研究は、女性参政権運動家の娘たちへのインタヴューや豊富な文書館史料にもとづき、女性が関与した参政権運動を再構成して、そうした女性たちが日常生活のなかで男性たちからの嫌がらせに直面しても、家庭での義務を続行しながら相互に協力して政治運動を続けることができた姿を叙述している。

ローラ・オーレンは、社会史家や経済史家の「家族経済」という概念を利用することによって、世帯内部での性別分業関係によって、女性や子どもの食事が男性に比べて相対的に貧弱となったことを論証した。[11] 女性は、稼ぎから男性が割り当てた世帯の出費をやりくりして、なんとか夫の健康状態を改善しようとした。その一方で、男性は自分のポケットマネーを娯楽や必需品のために使おうとした。オーレンの結論は、妻の家計管理が、夫の失業時や、より広い意味で経済や労使関係にとっての緩衝剤となっていたということにある。

イギリスでは労働者階級の女性が女性史家の研究対象として支配的なものとなったが、領域分離のイデオロギーならびに中産階級女性の私的な家庭生活と家族や男性の公的世界との分裂が合衆国と同じくイギリスでも女性史研究の関心となった。たとえば、レオノア・ダヴィドフとその仲間たちは、農村での生活を模倣するために造成された都市郊外でのブルジョワの平穏な家族生活のイメージ、つまり「美しい田園風景」と呼ばれるものに焦点をあてた。その中心に置かれるのは、公的領域の問題からの女性と家族の分離であり、それは女性に「家庭のなかに影響力をもつ独自の領域」を与えることになった。[12] 彼女たちの見解では、家庭／公的領域の区分は、時間を超越した社会生活の特徴ではなく、煩わしい仕事からなる競争的な経済世界の発達にともなって登場してくるイデオロギーであった。このイデオロギーは、中産階級の女性の生活にとっての家族の理想像と空間を創出する道具ともなった。

イギリスのフェミニスト史家に家庭重視のイデオロギーやその中産階級の女性への影響に関心をもつものがいた一方で、多くの合衆国のフェミニスト研究者は労働者や労働者階級の歴史に目を向けるようになった。一九七〇年代の半ばに、アリス・ケスラー・ハリスは、「組織された女性労働者は存在したのか?」という問題を提起して、二〇世紀初頭の合衆国の労働者に関する研究で、次のような点を指摘した。働く女性に対して男性組織労働者は決定的に両義的立場をとったこと、主要な労働組合組織は女性のオルグ〔組織への加入促進活動〕にはあまり支援しなかったこと、そして資本家は女性のオルグを妨害しようとしたことなどだ。[13] 一九八〇年代初頭にアリス・ケスラー・ハリスは、植民地時代から第二次世界大戦後までの合衆国での女性賃金労働者の歴史を刊行した。[14] この書物は、多様な意味で女性の経済的機会が限られていたこと、また一九世紀から二〇世紀後半にかけての家族と労働の関係が変化していることに光を当てている。

合衆国における女性労働者や女性労働者階級の歴史に関する研究には、トマス・ダブリンの一八二〇年代から一八六〇年代までのマサチューセッツのローウェルの繊維産業における女性労働に関する研究、ジャクリーン・ジョーンズの奴隷制時代から第二次世界大戦後までの黒人の女性労働者に関する画期的な研究、クリスティーン・スタンセルの一七八〇年から一八六〇年までのニューヨーク市の労働者階級女性の研究も含まれている。ダブリンの研究は、経営記録や回想録、書簡などの浩瀚な文書史料にもとづいて、繊維産業の発展、ニューイングランド農村部から若い女性の労働力を工場労働に調達する様子などを詳細に明らかにした[15]。彼は、そうした女性たちがローウェルで作り上げたコミュニティ、低賃金や劣悪な労働環境をめぐって組織化した抵抗運動、その後の繊維産業の変容と労働力が多様化するにつれての女性労働者の運動の衰退などを検討した。ジャクリーン・ジョーンズの黒人女性労働者に関する研究は、奴隷制下の農園での性別分業関係を分析して、南北戦争後、黒人女性労働者に与えられていたコミュニティ内での高い価値、人種差別によって彼女たちが最低レヴェルの賃金と劣悪な労働条件を余儀なくされたことなどを検討している[16]。彼女が示すのは、質的には劣悪な労働であったにもかかわらず、黒人女性が家族の経済的な安定に献身していたことである。クリスティーン・スタンセルの研究は、一九世紀初頭のニューヨークで青年労働者が創出したコミュニティの性格を研究して、製造業での「内職」

労働が拡大して家庭での仕事を認められるようになり、女性にとっては賃金を獲得する機会が増大して、家族経済のなかでの女性の位置が変化していたこと、そして相互扶助の原則によって近隣関係を形成していたことなどを検討している。(17)

イギリスと合衆国で女性史家たちがたどった道筋として、ラディカル・フェミニズムという別の形態があった。ラディカル・フェミニストは、女性の抑圧を家父長的な支配の産物と見なした。したがって、男性の女性への支配（家父長制）の問題を女性史家によって分析されるべき中心的なテーマとした。ロンドンのフェミニスト歴史家グループが記しているように、「女性は、歴史から隠されてきただけではない。女性たちは、意図的に抑圧されてきたのだ。この抑圧の認識が、フェミニズムの中心的な教義のひとつとなる(18)」。このことが意味するのは、女性は犠牲者としてのみ見なされるべきだということではない。むしろ、こうした共通の枠組みで研究をしている女性史家は、女性が抑圧に抵抗してきた姿を懸命に示そうとしてきた。たとえば、領域分離をめぐる議論のなかで、ロンドンのフェミニスト歴史家グループは、「家庭の領域を超えて政治や専門職の世界にいたる」女性の活動についての歴史が執筆されるのは、そうした運動を支配してきた男性からのかなりの反発を招いたとしても、「直接に男性が支配する領域に抵抗するうえで」重要であることを示している。(19)

多様なフェミニズムの視点からの過去の女性を対象とする重要な研究は、一九八〇年代になっても生産され続けた。しかし、批判的な声も聞かれるようになり、普遍的な女性の経験があることを前提として、階級だけではなく、人種、セクシュアリティ、民族、国籍、宗教的背景など女性内部の差異を無視する傾向が女性史のなかにあることに懸念が表明されるようになった。フェミニストの研究者は、過去の女性の生活を発見して歴史的記録に残そうとする研究によって、理論的な立場の差異はあれ、男性の歴史から孤立して、フェミニズム史学の「ゲットー化」ないしは周辺化を強化するような女性史を生み出している点を懸念するようになったのである。

〔ジェンダー史〕

一九七〇年代中葉には、二人の合衆国を拠点とするヨーロッパの女性史家が、一〇年後には今日「ジェンダー」と呼ばれるものに精緻化されるフェミニズム史学へのアプローチを提起していた。ジョーン・ケリー・ガドルは、「補完的」な女性史は歴史叙述の様式を変えることはないであろうと論じて、「男女の社会関係」がフェミニズム史学の中心に位置するべきであるという問題提起をおこなった。[20] ほぼ同じ時期に、ナタリ・ゼモン・デーヴィスは、歴史記録におけるバイアスを是正するには、男性と女性の双方、すなわち「過去におけるジェンダー集団のもつ両性についての意味」を理解することが必要であると提唱した。彼女が示唆したのは、このことが、「権力、社会構造、所有権、象徴、時代区分などの歴史家が直面していた中心的な問題の再検討を促進するうえでの一助となる」点である[21]。

イギリスにおける社会主義フェミニストの研究者にはマルクス主義理論を敷衍して女性や性的差異を含めることに熱心なものもいた。だが、最初に「ジェンダー」という用語が過去の女性の生活を理解するうえで不可欠のものになったのは、アメリカ合衆国であった。アメリカの研究者は、女性の文化という概念や分離された女性の世界の存在に疑問を投げかけ、人種、階級、エスニシティなどの問題を考慮し始めた。たとえば、論文集『女性史のなかの性と階級』への序論で、編者である合衆国を拠点とする英米の歴史家、ジュディス・ニュートンとメアリ・ライアン、そしてジュディス・ウォーコウィッツは、女性史について考察する際には、「ジェンダーを歴史分析のカテゴリーとして用いる」[22]と明確に宣言していた。ジェンダーというカテゴリーを用いるにあたっての彼女たちの目的は、「体系的なかたちで性的な差異が社会や文化を横断して存続し、その過程で女性に対して不平等をもたらした点を理解すること」にあった[23]。

一九七〇年代後半から一九八〇年代にいたるジェンダーへの関心の移行は、一九八七年に刊行された『可視化される女性――ヨーロッパ史における女性』の第二版の序文においても明らかであった。新版の編者は、レナート・ブライデンソール、クローディア・クーンツ、スーザン・スチュアードで、彼女たちが意図しているのは女性を可視化するだけではなく、「社会的に構築され、女性的な役割と男性的な役割を区別してきた歴史的に変化するジェンダー・システムを検討することにある」と論じている。[24]

一九八〇年代初頭から半ばにかけて「ジェンダー」という概念がますます影響力を増していった一方で、一九八五年の一二月に刊行された『アメリカ歴史評論』におけるジョーン・スコットの理論的介入が、学問領域としてのジェンダー史の展開に強烈なるインパクトを与えることになった。ジェンダーが社会関係のなかでどのように作動するか、ジェンダーが歴史学的な学知にどのような影響を与えているかといった問題に答えるために、理論的に厳密な方法によってジェンダーを概念化する必要があると彼女は論じる。[25] そのような理論的アプローチは、過去の女性の経験を叙述するだけのものとは違い、フェミニズムの研究が歴史研究を変容させようとする場合には必要不可欠なものであった。これまで見てきたように、初期のフェミニストの研究者は、「ジェンダー」という用語を使用して、その重要性を擁護する論陣を張ってきたが、スコットは新たなアプローチを提出して、過去の女性の経験を復元するのではなく、女らしさと男らしさを区別するためにジェンダーが作動している点を問題化したのであった。スコットは、ジェンダーを男女間の差異に対して与えられた意味として定義する。スコットにとっての第一義的な問題とは、どのようにして「アイデンティティのカテゴリーとして男性と女性についての主観的ならびに集団的な意味が構築されてきたか」にあった。[26] フランスのポスト構造主義の影響を受けるスコットは、意味は言語や言説を通じて構築され伝達されるものであり、必然的に差異化と対照化という契機を含むものとなる、と主張する。そうした差異化や二項対立は、男性と女性という二分法を含み、(男性は女性との対照においてのみ意味をもち)相互依存的でもあり、(あらゆるカテゴリーのもつ固有の異質性により)本質的に不安定なものである。あらゆる二元論は、時間と場所が異なれば、また変容するものとなる。しかし、それらを確立しようとする政治力学が曖昧化されてきたため、そのような二項対立は無時間的なものに見える。そうした政治力学を再現して歴史の記録に残すことが、歴史家の仕事となる。

スコットのジェンダー論のもっとも重要な側面のひとつは、なによりも権力関係を意味づける方法にある。ジェンダーは権力が表現され正当化されるための不可欠の手段なのである。たとえば、ムリナリニ・シンハは、「男らしいイギリス人」と「女々しいベンガル人」というステレオタイプが、一九世紀後半のインドにおいて植民地支配や人種的階層化を正当化するのに役立ったこと、それらがインドとイギリスの政治論争から浮かびあがり、かつその論争を規定したことを示した。[27]

スコットの概念はフェミニスト史家に巨大なインパクトを与え、学問的な歴史家集団の内部では言語論的ないしは文化論的「転回」として知られるものに貢献、そして関与していった。「言説」や「テクスト」という概念が学問研究のなかに登場し、また意味の生産過程が注目されるようになった。しかし、より一般的に見て、スコットの理論的アプローチやジェンダーへの転回は、依然として論争をはらんでいる。

フランスのポスト構造主義を支持するスコットの著作は、様ざまな歴史的コンテクストにおけるジェンダーの言語を分析する際に、多くのフェミニスト史家によって参照されたが、この理論的立場は批判と敵意に直面することになった。スコットの第一義的な関心は、言語と表象、そして不安定な意味にあり、「取り戻すことのできる歴史的「事実」(28)」を否定しているとして、一部のフェミニストの研究者を激怒させることになった。ジョーン・ホフが記しているように、このアプローチでは、「ほとんどの物質的な経験が、テクスト分析から導き出される抽象的な表象になってしまうからであった。個人のアイデンティティ、あらゆる人間の主体性が曖昧化して、身体性を剥奪された主体は言説によって構築されるものとなり、肉体と血をもった女性も社会的な構築物となる(29)」。スコットは言語の一義性を強調して、「経験」という概念を疑問視し、経験は言語なくして知ることのできないものであり、それ自体が言説によって構築されるものであると示唆する。しかし、テクスト生産の外部にある経験の概念なくしては、フェミニズム政治の基盤となる女性が共有できるものは何もなくなってしまうことを恐れるフェミニスト史家もいた。「女性」が社会的構築物であるという認識は、女性の存在を否定し、したがって、「身体化された経

験にもとづいてこそ語ることのできる女性の立場」を否定することになるからであった。(30)

ポスト構造主義と同じくジェンダーへの転回を批判する者が懸念していたのは、男性研究へとジェンダー研究の門戸を開くことによって、女性が歴史的な記録のなかで再び隠された存在となってしまうのではないかという点であった。さらに、ジェンダーと権力の象徴的な関係に焦点を当てることによって、「家父長制」の作用、すなわち、男性に比べて集団としての女性の内部での権力の不平等についての歴史的問題が見過ごされてしまいがちになると論じる研究者もいる。(31)フェミニスト史家のあいだに女性史とジェンダー史の関係についての懸念が存続する一方で、ジェンダー史による貢献を賞賛してジェンダー史に向けられた批判に対して擁護を試みるものもいた。女性のあいだの差異、また社会的構築物としての「女性」というカテゴリーの意味の不安定性を対象とすることが、女性がフェミニズム政治を生み出すことのできる共通の基盤を失わせているという論難に関しては、多様性と差異を認識することによって、またアイデンティティが生み出される多元的でかつ潜在的に矛盾する過程を認識することによって、初めて女性の政治的紐帯を創出することが可能となる、と論じられてきた。ジェンダー史の関心が男性と男らしさに向くことによって、男らしさと女らしさが相互の関連性のなかで存在するという認識が強調される。ジェンダー化された存在としての男性に焦点を当てることは、男らしさが変わることのない「自然な」状態であり、また男性の歴史的主体性がジェンダーやセクシュアリティを考慮することなしに理解できる、という想定に修正を加える。男性内部の多様性を認識すること、男性相互のあるいは女性との関連で形成された多様な男らしさが存在するという認識を用いることは、概して男性が女性よりも権力をもっているということを否定するものではない。それどころか、合衆国の歴史家ナンシー・コットやドリュー・ギルピン・ファウストが主張するように、ジェンダーが権力関係を意味するひとつの方法であるというのは、ジェンダーが単に差異をもつだけではなく支配・従属関係をもつ階層秩序的な構成体として理解されてきたことによるのだ。[32]

ジョーン・スコットの介入が、とりわけ、アメリカ合衆国やイギリスでのジェンダー史の発展を促したことを疑うものはなかろう。たとえ、多くの歴史実践家がスコットのいうところのポスト構造主義的アプローチにしたがうのではなく、より伝統的な分析方法に依拠していたとしてもである。一九八九年に、二つの編集委員会(ひとつはイギリスに、もうひとつは合衆国に存在)をもつ雑誌『ジェンダーと歴史』が、レオノア・ダヴィドフによってイギリスで創刊された。創刊号において、編集委員たちは、彼女たちの目的が、男性と男らしさと同じく女性と女らしさ、つまり「伝統的に男性的な制度と同じく女性的なものとして定義されてきた制度」を是正していくようなフェミニズム的アプローチをとることにあると表明していた。ジェンダーが「生きられた関係性だけではなく、象徴的な体系であること」を認識することによって、多元的なアプローチを奨励することが示されていたのである。[33]

創刊時の編集委員会がイギリスとアメリカにあり、また英語圏の雑誌ではあったが、編集者は学際的なプローチを歓迎しただけではなく、ほかの国や言語の研究者からの寄稿を促進していった。しかし、スコットの挑戦のインパクトと、それがもたらしたジェンダー史の転換は、一般的にはどこよりも英語圏の世界でより深甚なものとなった。このことは、ジェンダー史が、北アメリカとイギリスおよびアイルランドについてのみ記述したものであるということを意味するものではない。アジア、ラテンアメリカ、東ヨーロッパなどの歴史が、(ニュージーランドやオーストラリアを含む)英語圏で研究する者によって生産されていることを意味しているのである。これには、多くの理由が存在している。第一に、歴史研究が女性史や歴史分析への非伝統的なアプローチに門戸を開いていない国々では、フェミニズム史学が歴史研究に与えた影響は緩慢としたものであった。第二に、ジェンダーという用語自体が、必ずしもほかの言語で同等の言葉をもっていなかった。文化的な差異もまた作動していたかもしれない。たとえば、フランスでは、ジェンダーという言葉に最も近いのが「ジャンル」であり、それは、文法の性と文学ジャンルの双方を意味していた。顕著な例外はあるものの、フランスの研究者は「輸入概念」を採用することに乗り気ではなく、男女関係を階層的なかたちで理解することを拒絶して相補的な関係として男女を見ることを支持している[34]。中国では、男性によって描かれた女性史の長い伝統がある。この学術研究の伝統は、次のような見解に依拠している。すなわち、男女の区分(中国語でいうナン/

ヌ）は、社会の基本的な構成原理だということである。しかし、英語圏で使われてきた「ジェンダー」という概念は、おそらく男女の関係は調和的なものであるという中国の女性史家の想定によって、中国の学会では緩慢としたかたちでしか受容されることがなかった。たとえば、中国の女性史家を含む研究者たちにとって、男性と男らしさというものがジェンダー化された存在であると認識するのには時間を要したのである。(35)

結論

本章は、ジェンダーと歴史学を学ぼうとする場合に、歴史とジェンダーの定義を含む基礎となるいくつかの概念的な問題についての導入を読者に対しておこなってきた。北アメリカとイギリスでの女性史の発展のなかにジェンダー史の起源を求め、その結果として提起された歴史の諸問題を論じてきた。本章が示してきたのは、ジェンダーへの「転回」が、女性史が歴史の記録に付け加えられただけでは、専門的な歴史家によって理解されてきた基本的な論点を変えることがなかったのではないかという歴史家の懸念によって推進されてきたことである。ジェンダー史はまた、とりわけフランスのポスト構造主義などの理論的発展によって拍車をかけられることになった。なぜなら、ジェンダー史の歴史実践への影響は、フェミニスト史家によるフランスのポスト構造主義の使用を通して大幅に進展させられたからである。ジェンダー史の発展は、フェミニストの研究者に分析のカテゴリーとしてのジェンダーについての新たな問題提起をさせるにいたった。ジェンダーは、時空を超えて変化する意味をもちうるのか。あらゆる時代のあらゆる社会は、身体的な差異にもとづいて男性と女性を区別してきたのであろうか。セックスとジェンダーのあいだには固定された違いがあるのか。次の章では、そうした諸問題に目を向けることにしたい。

第2章　身体とセクシュアリティ

〔セックスとジェンダー〕

セックスとジェンダーの区別は、フェミニストの研究者が男女の差異の歴史を研究し、そうした差異の歴史的影響を考察する場合には、便利なものとなってきた。しかし、ジェンダーを「歴史分析の有効なカテゴリー」として採用する研究者が増えるにつれて、フェミニストの文化批評家、哲学者、科学史家たちは、セックスとジェンダーの区分に居心地の悪さを感じ始めていた。二〇世紀の終わり、歴史家ジョーン・スコットの歴史分析の有効なカテゴリーとしてのジェンダーに関する論文は、一九八〇年代半ば以降に形成されたジェンダー史の領域で重要な刺激剤となった。そこでは、ジェンダーとセックスの区分に意味があるのだろうかという疑問を投げかけて、どのようにして「性的な差異」が「社会組織のひとつの原理かつ実践として」表出されているかが問わねばならない主要な問題である、と論じている。(1) さらにいえば、二〇〇六年にメアリ・ライアンは、みずからの著書に『セックスの神話』というタイトルを選択して、男らしさと女らしさの意味がアメリカ史を通じて変化し多様化していることを検討した。(2)

フェミニストの研究者は、セックスとジェンダーの区分にともなういくつかの問題点に注意を促した。ひとつの問題は、通俗的な言説のなかでセックスとジェンダーの関係が互換的に使用されて、ジェンダーがセックスを上品にした同義語として用いられていることにある。たとえば、毎日の新聞のなかでは、政治集会にはどちらのジェンダー〔男性も女性も〕も出席していたというような記事を目にすることもあるだろう。もしふたつの用語が同義語であるならば、なぜ語法論上の区別をし続けるのであろうか。多くの場合、ジェンダーは「女性」を意味するものとして解釈されてきた。まるで「男性」は、ジェンダー化された存在ではないかのようである。しかし、もうひとつのジェンダーとセックスの区分にかかわるより深刻な問題は、この種の混乱を強化する。もしジェンダーが、生物学的ないしは自然なもの、あるいは物理的ならびに物質的身体を意味するものとして理解されるセックスの文化的解釈であるとするならば、ジェンダーは身体的な差異に基礎をおくものとなる。そうした身体的差異は、歴史や文化の外部で考察され、それらとは関わりをもつことはない。

　性的な差異が文化というよりも自然の領域に根ざしていることは、共通の理解になっているようである。しかし、そのことがまさに問題となる。われわれが共通して理解しているのは、何が互換性のない固定されたものとしての「自然」であり、「生物学的なもの」であるかということである。もしジェンダーが、「自然なもの」として解釈されるセックスの文化的解釈であるとするならば、性的な差異の理解をかたちづくるうえでジェンダーのもつ限界が存在しなければならない。したがって、性的な差異の概念は、次のような前提を保持している。すべての男女には、それぞれの身体に根ざす普遍的な特徴が存在する、したがって、生物学的身体はジェンダーの究極的基盤となっている、ということである。フェミニストの研究者がジェンダーの概念を用いて攻撃を加えようとしているのは、まさにこうした見解なのであった。

　しかしながら、科学史家は、生物学そのものがジェンダーという差異についての認識によって影響を受けていることを論証してきた。たとえば、ロンダ・シービンガーは、一八世紀ヨーロッパにおけるジェンダーについての通念が、科学者が分類法を展開し、動植物についての科学的知識を構築するうえで重要であったと主張している。(3)ひとつの例をあげれば、人間に関するジェンダー的差異の理解を用いて、植物が「性別に区分けされ」、ほ乳類をほかの種の動物と区別するための道具として乳房が使用されることになったという。そうした理解にもとづいた実証主義的な知識は、真理の特権化された基盤となり、科学者たちは、男女のあいだの「真の」差異を求めて研究を始めることになった。最終的に、真の差異とは、男女の身体が生殖のなかで演じる役割であるということが「常識」となった。性器、ホルモン、染色体などは、性的な差異の実体を構成するものとして理解される。もちろん、「女性」のカテゴリーの内部、あるいは「男性」のカテゴリーの内部での変種は存在し、また生理学や解剖学からすれば、男女のカテゴリーのいずれにも適合しない人間も存在した。曖昧な性器をもって産まれてきた赤子は、性的な差異の観念に適合させるために外科的にジェンダー化されねばならなかったのである。

ジェンダー（ならびに人種）に関する政治的および文化的な観念の影響のもとにある科学は、「自然」を解釈して、この文化の影響を受けた科学的な知識は、「自然な」差異が存在するという通念を正当化するために用いられた。私たちのほとんどは、身体を考察する際に、科学／自然／生物学といった分類を究極的な真理の基盤として見ることに慣れているために、この枠組みの外部で物事を考えるのが困難となっている。しかし、歴史研究は、まさにそのように考えるためには役に立つものとなる。

重要なのは、トマス・ラカーが、古代ギリシアに始まる人間の身体に関する医学テクストや解剖の描写を含む多様な史料を検討して、次のような発見をしたことである。啓蒙以前、すなわち一八世紀以前は、男女の身体は、類似したものと見なされており、いわゆる身体についての「ひとつのセックス」モデルが、科学的ならびに哲学的な認識を支配することになった[4]。そこで存在するのは男性の身体というひとつの身体であり、女性は男性と同じ性器をもっているが、彼女たちのものは身体の外部ではなく内部にあるというのである。身体の分泌液は互換性のあるものとして理解されており、したがって、血液は、母乳、脂肪、精液などに相互に変化していくものであるとした。ラカーが示すのは、歴史的に見れば、ルネサンス期の科学革命の巨匠たちでさえ、セックスの類似性という文化的ならびに政治的通念に実証的な観察を同化させていったことである。こうしたセックスと身体に関する見解は、女性は男性の劣等な存在にすぎないという観念と一致している。一八世紀になって初めて、男性と女性が相反するセックスをもっている、つまり、似ているというよりは異なるものであるという近代的な観念が、セックスが理解される際に支配的になっていった。科学者たちは、本質的な差異に関する身体的な指標を、探し、発見し、命名していったのである。シービンガーが示すのは、一八世紀の内科医は、血管、汗、脳、頭髪、骨格など身体のあらゆる部分にセックスの根本的な特質を発見したと考えていたことである[5]。

なぜ一八世紀にこのような変化が生じたのかは、依然として未解決の問題である。ラカーは、答えは実証科学の発展のなかにあるのではない、と力を込めて論じている。彼が示すのは、啓蒙のひとつの帰結として、宗教や形而上学が、真理の究極の源泉としての場を科学によって取って代わられたことにある。フランス革命と結びついた政治的動乱は社会的階層秩序を解体したが、そこには女性とは対照的な男性の政治的特権を脅かすことも含まれており、生物学的身体が男女の社会的ならびに政治的能力の差異の究極の基盤として理解されるようになった。身体的差異の境界を画定する試みに貢献することになったもうひとつの要因は、多様な種類の植物や動物、とりわけ、ほかの人種集団の発見をともなったヨーロッパの帝国主義的拡大の結果であった可能性がある。「ひとつのセックス」モデルの存在や身体的差異に関する科学的見解の変化の起点についての論争は批判を受けないわけではなかったが、文化、この場合にはジェンダーについての観念がセックスや身体についての学知を規定したという理解は、広く受容されていくことになった(6)。

ラカーとシービンガーは、ジェンダーのもたらす影響、つまりセックスと身体の科学的理解のための性的な差異に関する通念が歴史的に変化していることを証明した。他方で、哲学者のジュディス・バトラーは、広く当然視されていた「自然」と文化という二項対立を解体するセックスと身体についての理解の方法を精緻化していった(7)。バトラーは、セックスが身体的な（物質的な）影響をともなう文化的な獲得物であると論じて、複雑な概念体系を発展させた。ジェンダーがセックスの文化的構築物であるならば、セックスと身体は言説の効果であるか、言説によって産出されたものである。バトラーによれば、このことは、セックスと身体が想像されたものであり、何らかのかたちで言語によって発明されたものだ、ということを意味するものではない。むしろ、身体そのものが反復される身体行為によってジェンダー化されているのである。このプロセスは、彼女によって「パフォーマティヴィティ」と命名されている。言いかえれば、ジェンダーは身体化され、私たちがセックスとみなしているものは、この「反復」や儀礼的実践の効果となる。そして、この実践は、全体として「自然なもの」と見なされるセックスに帰結するという。社会学者のレーウィン・コンネルは、別なかたちで同じような概念化をおこなっている。彼女が論じるのは、ジェンダー「規範」は身体に対する物理的影響をもたらす、ということである。ジェンダーは、社会的世界における行為や相互行為を意味する実践のなかで、身体へと統合される。「この統合の形態、それがもたらす意味合いは、時代によって変化し、また社会的目的や社会闘争の結果として変化する。すなわち、それらは完全に歴史的なものとなる。現実の実践では、身体は歴史の外部にあるのではない。また歴史は、身体的な存在や身体への影響から自由なわけではない」[8]。たとえば、彼女が論じるには、「男性らしさの肉体的感覚は、社会的実践の個人史、つまり社会におけるライフヒストリーを通じて成長する」[9]のである。エリザベス・グロスのような哲学者は、フェミニストの生物学者と同じく、固定的なものとしてではなく、常に変化の状態にある身体についての考察方法を展開してきた[10]。そのような思考方法が重要なのは、物質的なものと文化的なもの、つまりセックスとジェンダーの二項対立を解体しているからで、ジェンダーの歴史だけではなく、歴史分析の道具としてジェンダーを用いる身体の歴史というものを可能としているからである。

〔身　体〕

歴史分析のカテゴリーとしてのジェンダーを利用した身体の歴史とは、何を対象としうるのだろうか。フェミニストの医学史家は、女性の身体への医療実践と女性の身体についての通念の変化を研究している。身体はまた、産児制限、産児増加運動、性病撲滅運動などの歴史のなかでの争点となってきた。たとえば、キャスリン・カニングが証明したように、一九二〇年代中葉のワイマール体制下のドイツで、女性の繊維産業労働者が国家による母性保護の拡張を要求するため団結したときのように、身体は女性の政治活動において不可欠のものであった[11]。身体の歴史や歴史のなかでの身体はまた、戦時における男性の身体性に関心を寄せてきた。たとえば、ジョアンナ・バークは、男性の身体に対する第一次世界大戦の影響を論じている[12]。彼女が考察するのは、前線から負傷して帰還した兵士が、みずからの障害にどのように向き合ったのか、内面的葛藤のもたらす影響が戦後の男性らしさをどのように規定したのかについてである。ほかの研究者もまた、個々人の身体の健康や福祉と「社会的身体」として理解される社会全体とのあいだの歴史的関係性を研究してきた。[13]

キャロライン・ウォーカー・バイナムの『神聖なる祝祭、神聖なる断食――中世の女性にとっての食物の意味』は、ジェンダーと身体を歴史学の中心的な問題とした最も初期の、かつ最も重要な研究のひとつである。[14] タイトルが示すように、この書物は、一二〇〇年から一五〇〇年までのヨーロッパのキリスト教徒の女性ならびに宗教的な勤行と食物の関連性を対象としている。中世の女性は、(食糧危機の時期に)食物摂取を拒否すること、そしてみずからに苦痛をもたらすとの象徴的意味を用いて、キリストの十字架の犠牲と自分自身を密接に関連づけようとした一方で、聖餅を通じて神の身体を摂取していた。バイナムが論じるのは、自己苦行の形態をとる禁欲主義が、神に近づくために身体的な感覚を用いる試みであったことである。

フランス革命期の歴史分析は、政治的意味を伝える場としての身体の象徴的意味を明らかにするうえで、とりわけ重要なものとなった。たとえば、ドリンダ・ウートラムの研究は、複雑な社会的ならびに政治的変革の時期には、身体が政治的忠誠心や政治的立場を意味するものとして重要になることを示した。彼女は、このことを例証するために、ギリシア・ストア派の古典古代に起源をもつ勇士の男らしさについての描写が、男性の政治参加を正当化することに役立った一方で、女性の人格を傷つけて政治の領域から排除することにもなったと論じる。[15] リン・ハントの著作は、革命と関連する政治的ならびに社会的変革のなかでの身体の重要性を示した。たとえば、ハントは、革命期には社会的な差異化に対する大きな不安を見て取ることができ、その結果、どのように身体が衣服をまとうかや、その衣装が革命的な理念への忠誠について何を語っているかに関心が寄せられるようになったという。アンシャン・レジーム下においては、華美な男性の衣装は特権と貴族の力を意味しており、男性の衣装の優雅さは少なくとも女性の華美な衣服と同じく目立つようになった。革命後、男性たちは、ストッキング、ハイヒール、カツラ、パンタロンなどを脱ぎ捨てて、より「画一化された制服」を着用するようになった。[16] いまや重要なのは、男性相互の同質性であり、女性との差異なのである。

イザベル・ハルによる一八世紀ならびに一九世紀初頭のドイツにおける市民社会の発展の分析が示すのは、男性たちが公共圏に参入して、特定の家族、専門家集団、身分、宗派の一員としてではなく、個人として市民社会に関与するようになるにつれて、「ある重要な意味で、男性は裸にされたと考えるようになった」ことである。[17] 男性もまた、相互の差異の記号を脱ぎ捨てるようになり、フランスでは、彼らの身体的な面での女性との差異が男性のアイデンティティを規定するようになった。

女性が顔を覆い隠すという慣習とそのヴェールに対する反応の分析もまた、国民的ないしは民族的なアイデンティティにとっての身体的表象の重要性を示している。ダグラス・ノースロップは、中央アジアに関する研究『隠された帝国』のなかで、一九一七年のボリシェヴィキ革命〔十月革命〕以前には、中央アジアの男女は深くジェンダー化された慣行に組み込まれており、そうした慣習や、どのようにジェンダー的な差異が表象されるかという点において流動性と変動性が存在していたという。[18] ロシアの植民地支配が登場してから、とりわけ革命以降に、特異な女性の衣装と女性の隔離が伝統的なものと見なされるようになった。ヴェールと隔離は、ソヴィエト政権によって奨励される民族的シンボルとされた。なぜなら、しばらくのあいだ、中央アジアでのウズベク人のような土着の民族の存在はソヴィエトの近代性を表象するものとソヴィエト政権が信じていたからだった。一九二〇年代半ばになると、党派的対抗関係が変化して、女性のヴェールや隔離は、不潔で抑圧的なものであると非難され、ウズベク人の文明化が不可能であることを示す指標となった。一九二七年、ソヴィエト政権は、ウズベク社会に変化をもたらそうとして、女性のヴェールをとるように主張した。ソヴィエトのキャンペーンに反対するウズベク人は、ヴェールの慣習を主張することで民族の擁護者としてみずからを描き出した。ソヴィエト政権もウズベク人のナショナリストも、女性の隠された身体を紛争の人質として利用したのだった。

　ジョーン・スコットは、現代フランスの「ヘッドスカーフ」をめぐる論争の分析で、ヴェールが紛争の対象となった主たる理由は、性的差異の問題を取り扱うふたつの異なる方法のミスマッチの結果であると示している。[19] イスラム教徒にとってのヴェールは、公衆の前での異性間の交流に「限界」を設定し、それを示すものであった。ヴェールとスカーフは、セクシュアリティと性的な差異に関する不安を可視化し明確化するものだった。対照的に、フランス人は、女性の身体をこれ見よがしに表に出すことによって性的な差異が政治的に論点となることを否定し、フランスのジェンダー・システムを優越的で自由で「自然なもの」として表象する。したがって、ムスリムの性やセクシュアリティに対する態度は、彼らが同化不能であるとフランス人には思われたのである。

スコットによるフランスでのヴェールの女性をめぐる現代的な意見の相違についての分析やこれまで記してきたほかの著作のいくつかは、同時に身体的な実践やセクシュアリティについての通念に関心を払っている。身体のイメージとセクシュアリティの問題との緊密な関係を示すもうひとつの例は、イランの歴史家アフサーネ・ナジュマバーディーの著作に見て取れる[20]。彼女は、一九世紀から二〇世紀初頭の美をめぐる観念の変化について記している。彼女は、何よりも絵画を史料として用いて、一八世紀後半から一九世紀初頭にかけては、美の観念がジェンダーによっては区別されていなかったことを示す。男性や女性の美は、テクストのなかで似たようなものとして描写されていたし、絵画のなかで同じような特徴と形態をもって描かれていた。しかし、一九世紀を通じて、美の観念が、次第にジェンダーによって差異化されていく。そうした変化は、セクシュアリティ、とりわけ男性のエロティシズムの本質をめぐる観念の変化と結びついている。一九世紀初頭に、若い男性は、若い女性と同じように美や性的欲望の対象となることもあった。

美の形態をめぐる男性と女性の区別や男性のセクシュアリティについての観念は、近代国民国家の形成の帰結として、またヨーロッパとの接触の文脈で発展していった。

この事例が明確にするように、ひとつの研究領域としての身体の歴史は、セクシュアリティの歴史と視座を共有するところがあり、ナジュマバーディーの著作やスコットの分析が示すように、ふたつのものは密接に結びついている。しかし、セクシュアリティは、必ずしも身体の歴史の対象である必要はない。一般的に身体の歴史は、どのように身体が表象され象徴として機能するのか、身体が多様な組織化された社会的実践を通じてどのように構築されるのか、また身体がどのように政治的動員の対象となるのかといった問題に関心をもっている。

〔セクシュアリティ〕

しかし、ひとつの研究領域としてのセクシュアリティの歴史が特に関心をもつのは、エロスの実践をめぐる規制と統制の歴史であり、それらを命名し、解釈し、分類するカテゴリーであり、性的アイデンティティの創出を含む性的欲望や活動についての社会的懸念の影響の範囲であった。レーウィン・コンネルが論じるように、性的なカテゴリーや規範は、欲望の形態や対象と同じく、

「ライフヒストリーを通じたセクシュアリティのパターン化、すなわち快楽が与えられ受容されるための実践であり、これらすべてが、文化間で異なり、時代によって変容する」[21]。売春、同性愛関係、人口統制、産児制限、婚姻内外の性交渉への態度、性的な存在としての男性と女性への理解、これらはセクシュアリティの歴史に含まれ、ほとんどが歴史分析の概念としてのジェンダーを組み込んでいる。

現代のセクシュアリティの歴史の分野は、女性史とフェミニズム史学の発展だけではなく、ゲイとレズビアンの権利運動の勃興の影響をも受けている。そして、一九七〇年代後半に出版されたミシェル・フーコーの『性の歴史』の刊行によって刺激されていることは明らかである[22]。重要なのは、一九世紀に始まる西洋社会でのセクシュアリティを統制しようとする試みがこれまで想定されてきたほどには抑圧的なものではなかったとフーコーが主張したことだ。むしろ、科学や通俗的な文学の言説でのセックスに対する貪欲な注目は、性的欲望について語り思考する誘因として機能した。フーコーが主張するのは、セクシュアリティをめぐる近代的な言説は権力の分散的な形態であり、その権力は、欲望だけではなく、アイデンティティも創出しており、われわれが誰であるかを規定するのはみずからの性的な実践を通じてであるということだ。事実、「セクシュアリティ」という言葉それ自体が、そうした言説を通じて生み出されることになる。

ジェフリー・ウィークスは、フーコーの見解に依拠しながら、それを精緻化することによって、近代ヨーロッパのセクシュアリティの歴史を概観するなかで、次のように論じている。

　道徳的な画一化、経済的な満足、国家の安全保障、衛生や健康などのために、社会がその成員の生命に関心をもつにつれて、個人の性生活に関心を抱くようになり、複雑な管理と統制の方法を生み出した。すなわち、道徳的懸念、医療や公衆衛生、法的ならびに福祉国家的介入、科学的探求の百花繚乱にいたった。これらすべてが性を理解することで、自己を理解しようとするものであった。[23]

近代のセクシュアリティの理解と古代や近代以前のヨーロッパとアジアにおける性の理解とがいかに異なるかというフーコーの認識において中心になるのは、まさにセクシュアリティと自己の結びつきだったのである。

　いまや歴史家は、同性愛が近代的なカテゴリーであって一九世紀以前には存在しなかったことを知っている。フーコーの作品が刊行される以前でさえ、レズビアンとゲイの歴史家は、異性愛と同性愛の二分法が、ごく最近に起源をもつものだと示唆していた。かつてのヨーロッパ社会は生殖と相続の観点から性的実践を規制しようとしたが、今日理解されるようなかたちでの同性愛は、同性間の性交渉に関与する人びとのアイデンティティを定義する状態を想定したもので、過去には意味をなさなかったのである。あらゆる文化に同性間の性愛行為が存在していることは間違いない。しかし、それに関与する人びとが同性愛者であるとは見なされていなかった。過去における同性愛行為の歴史的研究は、セクシュアリティの歴史性や、それがどのように統制されていたのかを明確化する一助となる。

古典古代世界の歴史家であるデヴィッド・ハルプリンがみずからの研究にもとづいて論じるには、古代のアテナイでは性的なパートナーの関係は男性と女性ではなく、支配的なものと従属的なもの、能動的なものと受動的なもの、挿入するものと挿入されるものとして理解されていた(24)。それらは、性的なアイデンティティを示す記号とは考えられていなかった。むしろ、そうした実践は、個人的な身分を表現するものとして理解されていたし、個人の社会的アイデンティティを示すものので性的なものではなかったのである。ハルプリンは、強盗のアナロジーを用いて、性的な行為がどのように理解されていたのかを明確にしようとした。古代世界では、性的な交わりは、夜盗とその被害者が互酬的かつ自発的な行動に関与してないのと同じように、共同行為として見なされていなかった。アテナイの男性市民は、少年、女性、奴隷、外国人を含む劣等市民に性器を挿入することが許されていた。性的な関係を構造化する事例が、一七世紀の日本を含む世界中から時代の違いを超えて存在しているのだ(25)。

中世と近世ヨーロッパでは同性による性愛行為の実践はソドミーとして知られており、その言葉は逸脱行為として考えられるほかの多様な形態を意味するものでもあった。ヘルムート・パフは、一五世紀から一七世紀にかけてのヨーロッパのドイツ語圏でのソドミーをめぐる言説と統制のレジームの変化を考察した[26]。裁判資料や文学作品、宗教的著作などの史料の分析に依拠しながら、男性も女性もソドミーの非難を受ける可能性があったことを論証している。初期の中世では、ソドミーは宗教的異端と結びつけられ、嫌疑をかけられたものは迫害された。プロテスタント宗教改革の初期には、性的な逸脱者を都市から排除しようとする広範な運動が存在した。説教集や冊子がソドミーに関する広範な言説の産出に貢献して、罪なき生活を送るように人びとをかき立てるようになった。しばしばプロテスタントの改革者はカトリックの指導者をソドミーの罪で告発して、その行為を結婚生活の対極に位置する肉欲的なものとして描いたのである。一六世紀のプロテスタントとカトリックの宗教改革の時期には、教会はソドミーに関わるものを規制しようと試みた。しかし同時に、チューリヒやルツェルンでは、男性の同性愛行為が当たり前のような性文化が存在していた。

一六世紀から一八世紀までの時代のヨーロッパ規模での宗教的ならびに政治的争乱というコンテクストのなかで、性的な逸脱と考えられたものは、厳しく処罰され、監視を受けることになった。異端審問の時代のスペインやイタリアのカトリック教会は性的に不道徳と考えられたものを厳しく処罰して、教会は、結婚によって認可された生殖のためのセックスが、許される唯一のセクシュアリティの形態であるとした。ヨーロッパと北アメリカのプロテスタントは、同じように売春婦との姦通を厳しく罰し、ソドミーとして告発されたものを火刑に処した。一八世紀転換期に、オランダは何百人もソドミーとして告発された人物を処刑している(27)。

ランドルフ・トラムバックの研究は、一六八〇年から一七九〇年代にいたるイングランド史に関するものであるが、一八世紀に男性の性的アイデンティティに変化があったことを明らかにしている(28)。それ以前は、おそらく青年期の男性の性的行為はかなり共通していたが、それらは男性のアイデンティティに目に見えるかたちでの刻印をすることはなかった。しかし、一八世紀の最初の一〇年間に、男性の性的実践はもっぱら異性愛的なものか、ソドミーであるかのどちらかとしてみなされるようになった。ロンドンには、男性と女性と「ソドミーにふける者」が居住しているとみなされた。「ソドミーにふける者」は、「第三のジェンダー」を構成していたのである。同性間性交渉に関与する男性の活力に満ちたサブカルチャーは、一八世紀のロンドンに存在したが、そこでは、ほかの男性とのセックスを望む男性が「モリー・ハウス」と呼ばれる場所に集まった。そこに頻繁に通うと考えられた男性は、「モリー」という汚名を着せられた。みずからの男らしさを証明するために、すべての階級の男性は新たな異性愛的な秩序にしたがわねばならなかったのである。家庭と家族生活を重視する規範的なセクシュアリティの変容と軌を一にして、女性ではなく男性に認可された婚姻外の性交渉が登場して、売春も登場することになった。売春婦は商品化された性的な対象として奉仕しただけではなく、異性愛的な評判を保持する資源としても利用された。女性の売春婦と男性のソドミーにふける者は、同じように侮辱されたのである。トラムバックの研究は、性的規制に対する性的自由の「黄金時代」を構成するものと理解されるべきではない。むしろ、彼は男らしさの重要な構成要素のひとつとして異性愛重視が増大していく起源を探ろうとしているのだ。それは、可視化された形態での同性愛サブカルチャーに参加する、「ソドミーにふける者」とみなされる「他者」との対照性のなかで、定義されたものなのである。

ジョージ・チョーンシーによる重要な研究『ゲイのニューヨーク』は、ニューヨーク市の四つの地域の男性間のセクシュアリティと性をめぐるサブカルチャーを題材にして二〇世紀転換期を叙述し分析したもので、多様な職業の男性が、活気に満ちて複雑なゲイの世界に参加することによって排他的な異性愛の社会規範に公然と抵抗していく姿を描いている。(29)「ホモセクシュアル」とか「ヘテロセクシュアル」という言葉が登場するのは、まさにこの時期であった。ゲイのサブカルチャーは、最初一八九〇年代に労働者階級の移民が住居を構え、赤線地帯が繁盛したバワリーとして知られる地域に登場した。そこでは、男性に欲情する男性は、当時の医師などの専門家たちからは「性的倒錯者」と呼ばれ、地元では「フェアリー」と呼ばれており、公衆の前では誇張されたかたちでの女性化された行動様式をとった。「品行方正《リスペクタブル》な中産階級」の男性は、同性愛行為への参加が決定的に名声を傷つけることになるニューヨークの別の地域から密かにそこにやってきて、みずからを「クイア」と呼んだ。フェアリー文化は、一九一〇年代、二〇年代に自由奔放な雰囲気のグリニッジ・ヴィレッジや黒人ハーレムで発展する。階級と人種の差異は、男性がみずからの行為を理解し、パートナーを認識する様式を構造化した。ゲイ文化とレズビアン行為の場所を含む性的に寛容な文化は、禁酒法時代にニューヨーク中心部にまで拡大していった。しかし、一九三一年に禁酒法が廃止されることによって、ゲイとレズビアンに対する抑圧の十字軍が開始されて、家庭性を重視する異性愛の生活を送っていた人びとと対比されるようになり、同性愛者は退廃的と見なされるようになった。面白いことに、チョーンシーはまた、最初、「ゲイ」という言葉は売春婦を意味するものとして用いられており、売春婦たちはゲイの男性と同じように「変質者」と考えられていたとも述べている。

レズビアンは、トラムバックとチョーンシーの書物のなかでは何よりも男性に焦点をあてていたので、簡単に触れられる程度であった。女性の同性愛関係を研究することは、史料の入手可能性とそれをどう解釈するかという問題があるために困難をともなった。同性愛行為が命名されていなかったのなら、また、もし女性たちが性的なものとして私たちに理解可能な用語で自分自身ならびにほかの女性との関係を認識していないとしたら、どのようにして過去の女性たちの性的な主観性は研究されるべきなのだろうか。

マーサ・ヴィシナスは、女性の性的な主観性がかつても、また現在も流動的であり、女性の過去の同性愛行為を理解することには、「女性の性的な行為が連続性をもっており、そこではレズビアンとしてのセクシュアリティが、規範的である異性愛的な結婚と育児の一部であり、かつそこから分離しうる」ことの認識が含まれると示唆している。[30]彼女は、別の女性との性的関係の可視化も、そうした関係に対する命名やラベリングも、過去の女性の性的アイデンティティや主観性を理解するには必要ではないと主張する。[31]そうした認識は、彼女の研究『親密なる友人――女性を愛した女性たち、一七七八―一九二八年』のなかで明らかにされている。[32]この著作が検討するのは、この時期の教養ある中産階級や上流階級の英米人女性の同性間の肉体関係をともなう関係についての多様な事例であった。史料として用いられるのは、日記、手紙、法廷文書、小説や詩などから拾った女性自身の言葉だが、そうした史料が発掘されたのは、女性が相互に抱いていた情欲に燃えたエロティックな感情をどのように表象しているかを明らかにするためであった。たとえば、ヴィシナスが論じるには、別の女性に対してエロティックな感情を抱いている女性には、ヴィクトリア朝的な性的に純粋であるという女性らしさを利用して、異性愛的なセックスを拒絶したり控えようとしたりしていた者もいた。ヴィシナスは、スランゴスレンの貴婦人たち（セアラ・ポンソンビーとエレノア・バトラー）のような、結婚したパートナーとして生活をしていた女性の関係についての資料を集めている。また、異性愛関係との出入りを繰り返しながら、同性婚の縁を結んでいた、一九世紀中葉のローマに居を構えたアメリカ人とイギリス人女性のコミュニティでの秘密の情事を詳細に記述している。彼女の事例には、男の子のような女の子、「不良」、あるいは紳士としてみずからを演じることによって、男性的な自己表現の規範を採用した女性が含まれている。だが、それが流動的であったために、その自己流の不良たちが保護者的な夫になったり、おてんば娘が思慮ある母になったりすることがあったとされる。ひとつの例をあげよう。一八〇九年に寄宿学校を経営して明らかにベッドをともにしていた二人の女性についてである。この女教師たちは、「品性を欠き、犯罪的な行為」をおこなったとして彼女たちを告発した、寄宿学校の生徒であるイギリス系インド人の孫をもつ、ひとりの女性貴族に対して名誉毀損の裁判を始めた。二人が名誉毀損の裁判に勝利しえたのは、そのような行為がイギリス人女性のあいだでは知られていなかったからであり、彼女たちのみだらな行為が植民地の「半カースト」の児童のゆがめられた想像力の産物であったという「人種的な」理由からだった。それにもかかわらず、告発された女教師たちは、学校から追い出されてしまった。一五〇年にわたってヴィシナスが検討する事例は、女性がエロティックな愛情関係に関与し、それを理解し、みずからのアイデンティティをつくりあげた多様な方法を明らかにしてくれる。

エリザベス・ラポフスキー・ケネディとマデリン・D・デーヴィスは、第二次世界大戦後を生きて同性愛関係を結んでいた、ニューヨーク市バッファローの労働者階級レズビアンのオーラル・ヒストリーにもとづいて、女性の性的主観性の創出ならびに彼女たちのレズビアンとしてのアイデンティティと集団意識の発展を考察している。[33] そうした労働者階級の女性は、外部の世界に立ち向かうひとつの方法として、エロティックな差異を可視化されたかたちで表明する「男役・女役」文化を創出した。彼女たちは異性愛的な一夫一婦制の象徴を、社会の規範にしたがうことを拒む、また同性愛的な関係の権利を擁護するひとつの方法として巧みに操った。著者たちは、そうした「不屈のレズビアン」が、男性の支配と規範的な異性愛主義に抵抗して、ジェンダー化された役割分担を通じて自分たちの領域とした酒場の部屋を用いて、公然とした嫌がらせに対してみずからを擁護したことを論じている。

マスターベーションに対する不安もまた、歴史家によって研究されてきた。イザベル・ハルによるドイツの「長い一八世紀」のセクシュアリティについての議論を、すでに身体に関連して参照したが、それは一七八〇年代の反マスターベーション文献の叢生について研究したものであった。[34] そうした男性を対象とした文献が想定するのは、男性的な強靱さの源泉として理解されていた精液が、マスターベーションの結果として失われ、肉体的・心理的な脆弱さに繋がるという議論である。マスターベーションの言説は、そうした行為を都市における過度に文明化された生活様式と結びつけている。使用人《サーヴァント》や寄宿学校は、子どもたちにマスターベーションを広めるものとして非難された。子どもたちはまた、読書からそうした行為を学んだとされ、新たな交際や社交の形態が原因とされた。マスターベーションについての懸念、そうした慣習が広まっているという考えは、当時の物質的、社会的、文化的変容と、それらがいかに子どもや青年に影響を与えているかに対する恐怖の所産だったことをハルは示唆している。

〔売春と性病〕

同性愛行為や自慰行為と同じように、売春にも歴史がある。売春婦はどのように見なされてきたか、売春がどのように組織化され規制されたか、またトラムバックの研究を論じるなかで見たように、多様な時代や文化的背景のもとで男らしさや男性のセクシュアリティを教育したり確認したりするうえでの売春の役割、これらすべてが研究の対象となってきたのである。

ルース・メイゾ・カラスによる中世イングランドの売春についての研究は、説教録、売春宿を規制する都市条例、教会と世俗の法廷記録などを含む広範な史料にもとづきながら、売春婦がどのように見なされていたかについて、また彼女たちが生活していた経済、社会、文化的状態について研究している。売春婦はその存在自体は有害と見なされたが、売春の慣行は「必要悪」として許容された。都市の売春宿は、中世ドイツや大陸のほかの場所とは異なりイングランドでは一般的には見られなかったが、サウザンプトンやサンドウィッチには合法的な売春宿が存在していた。これらは、船員たちのニーズに応えながら、都市の品性のある妻や娘たちの貞節を守るためのものだったようである。カラスは次のように論じる。一般的に、女性の性的な行動様式は、ゴシップと公衆の関心の対象となった。それは、彼女たちが暮らす社会での評判を規定したからである。品行方正な既婚の女性は「品のない女性」となる可能性があり、したがって、統制して監視する必要があった。肉欲の罪はすべての女性を特徴づけると考えられていたが、「見境なく肉欲にもとづいて行動する」のは売春婦だったのである。[35]

リンダル・ローパーが示したように、中世後期のアウグスブルグでは、売春宿は都市自治体によって運営され、男らしさと結婚にいたるための徒弟修行の一種として若者向けに考案された施設であった。ローパーが論じるのは、売春が男性の絆を強化して「本質的に男性的な性格としての男らしさを定義していたこと」である。[36] しかし、品性ある女性も売春から恩恵を受けると考えられており、それは売春の慣行が彼女たちに安全性を付与するからであった。処女性は結婚と同じく高く賞賛され、男性の男らしさは、もし彼がある特定の女性と性的関係をもつ最初の男性であれば、特に確実なものとなった。ルター派の説教師によるはたらきかけの結果、一五三二年に売春宿は非合法となった。ルター派は、男性の性をめぐる本能は統制可能であり、性的な欲求は夫婦関係のなかへと方向づけられるという信念を推奨していった。しかし、より強力に監視をおこなう権力が新しい体制とともに登場し、売春婦と非売春婦とのあいだの境界線が曖昧になっていった。女性の性的欲望が恐れられ、すべての女性は堕落する可能性があるとして嫌疑をかけられたのである。

ジュディス・ウォーコウィッツのヴィクトリア時代イングランドの売春に関する著名な研究は、一八六四年に議会を通過した性病予防法の廃止運動を対象としたものである。[37] この法律は兵士と船員を性病から守るために立案されたもので、駐屯都市の警察に権限を与え、売春の疑いのある女性に売春婦として登録して屈辱的な医療検査を受けることを要請するものであった。もし売春をする疑いのある女性が病気をもっていることが明らかとなった場合、長期の投獄の判決を余儀なくされた。ジョセフィン・バトラーの指導下にあった「女性全国協会」が性病予防法に反対したのは、その法律が性病の拡大を防止するには効果がないだけではなく、女性を罰しているものの、利用する側の男性、また悪徳の原因となり悪い影響をもたらしていると協会が告発する男性を罰していないからであった。ウォーコウィッツの作品は、協会に属する博愛主義的精神をもった中産階級の会員の仕事ぶりを明らかにしただけではなく、会員と売春婦との複雑な関係や交流を描き出している。会員は、売春婦を救い出そうとしただけではなく、売春婦とともにこの法律と闘おうとしていた。彼女たちは、みずからを姉妹として描き出すこともあった。というのも、どんな女性でも貧困によって売春を選択せざるをえないことを知っていたからである。また、みずからを「母」として描き出す場合には、純血を失ったが、その徳は更生施設によって回復できる受動的な形象として売春婦を見ていた。ウォーコウィッツの『売春とヴィクトリア朝社会』はまた、貧困に喘ぐ女性たちの生活をのぞく窓を開けてくれる。というのも、法律のもとで売春婦として登録された女性は、ほとんどあらゆる点で近隣に住んでいたほかの女性と変わらなかったからだ。彼女たちは、みずからを売春婦と見なしてはいなかった。通常は、二〇代後半に性労働者としての生活から離れ、その後、ひとりの男性と共同生活を送るか、結婚をした。ウォーコウィッツは、法の影響のひとつが、売春婦として登録された女性の平均年齢が上がり、売春が一時しのぎの生計の手段ではなく職業となったことであると論証した。一八八六年に性病予防法は、最終的に撤廃されることになる。

よくみられるように、性病に関する懸念は、どちらかといえば宗主国においてよりもイギリス帝国内で広まっていた。伝染性の性病予防法は、宗主国内より前に海外において立法化され、それらはより広範な監視をともなっていた。フィリッパ・レヴィンの浩瀚な研究は、宗主国における性病予防法とその廃止を求める運動（一八六〇―一九一八年）が見られた時期のイギリス帝国内における売春に関するものだが、売春の規制のなかでジェンダーと人種、帝国の統治についての関心が交錯する様子を検討している。(38) 植民地臣民による売春慣行は、帝国政府によって不道徳と文明化の欠如を示す指標と見なされたが、顧客がヨーロッパ人であるかぎりは必要悪とされた。

売春は、地元の住民ではなくヨーロッパ人の顧客を守るために規制されたのであった。とりわけ東洋は性的に放縦な場所と見なされており、売春は植民地主義の必要性を示す証拠と見なされてきた。しかし、植民地官僚が論じるように、売春は兵士や帝国主義的男性の特徴として考えられていた攻撃的な男性的セクシュアリティの捌け口として不可欠なものであった。様ざまな帝国の地域で、軍事や民政に関わる植民地当局は、訪問する顧客の「人種」によって売春宿を分類した。一等の売春宿は白人のためのものであり、インドでは、ヨーロッパ人の女性が売春宿で働いたが、それらも一等の売春宿として考えられ、顧客はイギリス人兵士に限定されることになった。三等の売春宿は地元の顧客と売春婦のためのものであり、宗主国とは違って売春宿は合法化され規制された。東南アジアの植民地では、売春婦は身分証明書の携帯を義務づけられ、一九世紀末までには顔写真と個人情報を売春宿に掲示することが求められた。

軍事的関心のなかでの売春の規制は、一八八〇年代半ばまでのヴィクトリア時代イギリスと、より長期的な時間軸におけるイギリス帝国の特徴であるだけではなく、アネッタ・ティムの研究が示すように、ナチス・ドイツの政策にもなった。[39] ナチスが最初に政権についたとき、彼らは法権力を用いて売春とユダヤ人との性行為を「反社会的」で懲罰を受けるべきものとし、「街路を浄化」しようとする活動を始め、街娼に厳しい罰を科した。しかし、都市行政官の多くは公衆衛生を保つためにはそうした施設が必要であると主張して、売春宿を制度化した。一九三〇年代中葉以降、国営の売春宿が政府によって合法化され、軍によって推進された。だが、売春婦自身は、「人種的に劣等」なものと見なされた一方で、売春宿での娼婦の利用は公衆衛生と軍事的目的にとって役に立つと見なされていた。戦争の勃発にともない、売春婦と見なされた女性は登録されて売春宿に閉じ込められた。もし売春婦が監視と医療統制から離れるならば、彼女は強制収容所へと送られた。酒場や娯楽の場を訪れる女性は、ますます監視を受けることになった。女性のセクシュアリティを公然と表現することは、すべての健全な国民にとっての脅威と見なされたのである。同時に、軍と民間の売春宿はますます増加していった。ティムによれば、公衆衛生は売春が制度化された究極的な理由なのではない。むしろ、「性病からの保護」が、攻撃的な軍国主義と人種政策のニーズのためにセクシュアリティを方向づけるという国家の関心にとっての「隠れ蓑」であったことによる。男性は性的に満たされた、男らしいセクシュアリティを演じることができれば、男性であり、雄々しく実戦に役に立つ兵士となりうる。男性のセクシュアリティと国家の軍事的優越性は、鏡のように相互に反映しあうものとなった。

結論

本章ではセックスとジェンダーの二分法に関連する問題をとりあげ、生物学と生物学的性という観念に歴史があることを示す議論を顧みてきた。何らかのかたちで物質的身体という観念を保持する思考様式を論じる一方で、身体は文化の外部にあるということを前提にはしなかった。本章はまた、ジェンダーを分析のカテゴリーとして用いる身体とセクシュアリティの歴史研究を考察してきた。ジェンダーが身体の歴史やセクシュアリティの歴史にとって重要になっているいくつかの様式をどうしたら要約できるのだろうか。私たちは、男性と女性のジェンダー化された身体と性的行為が政治的象徴や国民の象徴として用いられてきたことを検討してきた。一八世紀末、衣服によって示されるジェンダーの差異は、革命期のフランスや市民社会生成期のドイツでは男性相互の同質性と女性との差異を確立するうえで重要であった。どのようにしてジェンダーの差異が女性の身体に刻み込まれるのかという問題は、中央アジアのソヴィエト体制にとって重要な問題であり、体制に反対する民族主義者の関心の対象となった。同性愛行為がどのように見なされていたかという点に関して歴史的変化が存在している一方で、同性愛の行為についての懸念と敵対心は、生殖を目的とする性交渉を重んじる宗教的主張と関連していた。同性愛行為に関する寛容の度合いが歴史的に変化する一方で、性的アイデンティティは一八世紀と一九世紀に起源をもっているように思われる。私たちが知ることになったのは、同性愛交渉に関与している男性とほかの女性を求める女性との双方が、しばしばジェンダー化された仮面《ペルソナ》を用いて、同性愛の関係を追求するなかで社会の性的規範を転倒させようとしていたことである。最後に検討したのは、売春の規制が女性のセクシュアリティに対する懸念だけではなく、特殊な男らしさと男性のセクシュアリティ、またそれに関与した女性と男性の人種に関連していた点である。次章では、人種／エスニシティ、階級、ジェンダーが、社会生活の独立した位相ではなくて、むしろ関係論的に構成されたものであり、歴史的に重要なかたちで交錯していた点を検討することになろう。

第3章　人種・階級・ジェンダー

第1章でごく簡単に触れたように、一九七〇年代および八〇年代の女性史に対する主要な批判のひとつは、女性たちのあいだの差異を無視しているという点にあった。一九八〇年代を通じて、黒人やラティーナ〔ラテンアメリカ系女性〕のフェミニストの研究者たちは、合衆国の女性史ではあまりにも白人中産階級の女性に重きが置かれていると思われる点に疑問を呈してきた。彼女たちの研究や批判によって、女性史の領域はより包括的なものになる。この潮流は、ジェンダーが女性の生活に作用する際に、人種やエスニックな差異がどのように影響したのかという問題についてのあまたの考察を促してきた。一九九〇年に刊行された『不平等な姉妹たち』第一版の序文で、アメリカの歴史学者のヴィッキー・ルイスとエレン・キャロル・デュボイスは、次のように記している。

「差異」すなわち女性の経験の多様性を承認せよという要求の高まりに対して、マイノリティの女性の歴史にかたちばかりの言及をすることでは、もはや満足な回答を与えることはできない……。女性史の探求の旅は、その地図自体が書き直されねばならないのだ。女たちの経験へのより複合的なアプローチを求める声があちこちから発せられており、女と男の対立だけでなく女たちのあいだの対立も研究し、女たちのあいだの絆だけでなく女と男のあいだの絆をも検討しなければならないのである。そのような多面的な視座のみが、「女性たちの生活をかたちづくる多様な権力システム間の相互連関を明らかにする」のに十分なものとなるだろう。(1)

彼女たちも認識しているように、この異議申し立ては、女性の生活についてのより完全な歴史を描くために、人種、階級、ジェンダーを「平等かつ同時に強調する」ことを意味している。(2)

フェミニストの研究者たちは、ジェンダーを、男女関係の階層的な序列化および／あるいは男女間の差異として認識されるものに付与された意味として理解し、特定の歴史上の時期にすべての男女に同じように作用するわけではないということを徐々にではあるが認識するようになった。ジェンダー史の領域は、このようなコンテクストで発展していく。そしてジェンダーが女性と男性の生活のなかでどのように作動するのかということ、「女性」と「男性」の意味そのものが、文化を横断して存在する差異だけでなく〔ある文化のなかの〕階層的に序列化された差異にも依拠しているのだということが、ますます明らかになってきた。したがって、ジェンダーには単一の歴史ではなく、複数の歴史が存在することになる。

フェミニズム研究の一領域としてのジェンダー史のもつ重要な側面のひとつに、コンテクストに焦点を当てるということがある。そこでの根本的な疑問は、幾人かのジェンダー史研究者の関心を惹いてはいるが、きわめて難しい問題となっている。すなわち、階級および／あるいは人種、エスニシティもまた不平等な権力関係を創出するために作動しているなかで、どのようにジェンダーという差異が構築され理解されるのか、という問題である。このような疑問に答えることは、文化横断的に見られる多様性、またはある所与の社会内部に存在する多様性を認識するだけではなく、権力関係のなかで複合的に形成された差異が、男女間のみならず女性同士ならびに男性同士の関係にも影響を与える点を考察することを意味する。そして、他の差異や階層秩序的な布置関係を構築するにあたり、ジェンダーが共犯関係にあった点を検証することも含んでいる。

様ざまな時間と場所で、ジェンダーがどのように生きられたのか、そしてジェンダーという差異がどのように構築されてきたのかということを検討するために、この「ジェンダー」という概念は関係性として理解される必要がある。一九八九年にギセラ・ボックが記しているように、「ジェンダーを社会文化的な関係として見ることは、ジェンダーとその他多数の社会文化的諸関係のあいだのつながりを新たな観点で理解することを可能にしてくれる……ジェンダーはすべての関係性のなかで構成的な役割を果たす要素のひとつとなる」(3)。ジェンダーと人種、エスニシティおよび／あるいは階級が相互に構成的な関係にあったこと、歴史的にみて同時に作動してきたことを研究するために、研究者たちは、個人間の関係に存在するものであれ、あるいは「他者」の表象を通じて存在するものであれ、諸集団間の接触に焦点を当てる必要があった。

〔慈善活動〕

男性と女性による博愛主義《フィランソロピー》および政治活動の研究は、このようなジェンダー、人種ないしエスニシティ、そして階級の複雑な関係を明らかにしてくれる。一九七〇年代初頭以来、アメリカの女性史研究者たちは、男女の家庭領域と公共圏への分離という観点から白人中産階級の女性たちの博愛主義ないし福祉活動に関心を寄せてきた。一九世紀から二〇世紀初頭にかけて公共圏へと参入した女性たちは、女らしさという観念に依拠して、自分たち自身よりも恵まれない人びとを支援するための政策を普及したり実際の支援活動をしたりする組織に参加することを正当化したのであった。しかし、こうした理念は、すべての女性にとって同じ意味をもつものではなかった。リンダ・ゴードンの研究は、二〇世紀前半に白人女性と黒人女性の改革者たちが抱いていた福祉理念を比較し、この二つの集団の取り組みにみられるいくつかの重大な差異を明らかにした(4)。白人の女性は、自分たちの福祉活動が社会的という意味だけではなく、エスニックや宗教の面でも「他者」である人びとを援助しているのだと理解していた。それとは対照的に、黒人女性たちは、福祉の受給者として想定されていた人びとよりも経済的に恵まれて教育水準も高かったとはいえ、自分たちの「同胞」を支援していると考えていたのである。ゴードンによる白人女性と黒人女性の取り組みの比較によれば、白人女性の社会事業家《ソーシャルワーカー》が慈善ないし救済を施与しているという意識であったのに対して、黒人女性の場合は、しばしば福祉の対象者と同じか近接した地域に居住することが多かったために、より教育と公衆衛生にエネルギーを集中させていったという。白人女性改革者が受給者の資産調査をおこない救済に値する者とそうでない者を道徳的に差別する福祉計画を支持したのに対して、黒人女性改革者は普遍的なサーヴィスの提供を要求していった。ゴードンは、黒人と白人の改革者たちの関心がある程度までジェンダーに関する理解を共有することで形成されていたが、彼女たちの福祉構想の違いにとっては「人種」が重要であった点を指摘したのである。

一九世紀のフロリダ州タンパにおけるラティーナ女性たちの博愛主義活動を研究したナンシー・ヒューイットは、社会階級の違いが、それらの活動に対する同じエスニシティのラティーナ女性の理解のあり方を差異化していった点を論じている。富裕なスペイン系女性は自分たちの自発的活動を慈善行為と見なしていたのに対して、労働者階級のキューバ系女性はそれを相互扶助であると語っていた。ヒューイットの結論によれば、タンパにおける博愛主義の諸形態に関する研究は、「諸個人のもつ階級、エスニック、ジェンダーに関するアイデンティティならびに諸経験が、複雑な相互依存の関係にある」ことを示しているのだという(5)。

エレン・ロスが明らかにしたように、一九世紀末のロンドンでは、中産階級や上流階級出身の女性たちが定期的に家庭訪問員として貧民街に足を運んでいた。二〇世紀初頭には、彼女たちは乳児の世話の仕方や子どものシラミの除去法について指導し、一二歳から一四歳の子どもたちが就業している仕事の種類について訪問先の親たちに尋ねたりもした。訪問保健師やソーシャルワーカーの「淑女たち」は、訪問先の労働者階級の母親による食事の与え方や育児の方法を、近隣に住む「年老いたガンプ夫人〔不熟練の無能な看護師の形象〕のような輩や貴婦人風の女性たち」から学び取られた時代遅れで有害なやり方だとみなし、これを「近代化」しようと試みたのである(6)。しかしロスは、「淑女たち」が単に優越的な立場から訪問対象者の庇護者として振る舞っていただけではないとも指摘している。むしろ、彼女たちのなかには対象者の女性たちに対する深い洞察や共感を示す者もいたのだという。

グウェンドリン・ミンクの研究は、白人中産階級の改革者たちが二〇世紀初頭アメリカの福祉政策に及ぼした影響に関するものである。それによれば、彼女たちが推進する政策は母親を支援するものであったが、その政策を導入する者たちは、その母親支援の政策を、女性移民がどのように母親になるべきかについての特定の見解と結びつけたのだという。ミンクなどの研究者が「母性主義」的政策と命名した政策は、ある民族に特有な母親のあり方を「アメリカ的」母親にとって「他者」であり、したがって、より広範な意味での公共の利益に反すると定義することになった。教育専門家たちは、学校で家事や料理を教えることを通じて、少女たちを「アメリカ化」することを重視していた。家庭を訪問する教師は移民の母親に、慣習的な調理法で親しんできた食材の代わりに「アメリカ的」な食材を使用するように教えた。こうして、オリーヴ油やパルメザンチーズの代わりに、アメリカのチーズやバターが使われるようになり、大蒜《にんにく》は眉をひそめられ、南西部のメキシコ出身女性たちはナッツやチリやチーズを含んだトマトソースの代わりにバターと小麦粉をベースにしたソースを作るよう指導されたのである。(7)

ミンクの研究では、二〇世紀初頭の福祉政策の発展とその実施過程において母親の「アメリカ化」がいかに重要であったかを示す事例が語られている。他方、ナイアン・シャーの研究は、一九世紀最後の四半世紀におけるサンフランシスコの白人中産階級女性による家庭改革の計画が、移民である中国人女性の家庭慣行および社会活動に対する通俗的な受け止め方から影響を受けていた点を詳細に論じるものである。特に彼が注目したのは、中国人女性が「アメリカ人家族を梅毒で蝕もうと企てている」売春婦だと主張する医療情報誌の編集者であった地元の内科医メアリ・ソーテル医師と、ヴィクトリア朝ロンドンの白人「淑女たち」と同じように既婚中国人女性の衛生習慣を改革するための家庭訪問を推進する長老派教会の女性宣教師たちであった。シャーによれば、ソーテルなどの医師や宣教師たちは、白人中産階級の家庭規範は中国人の文化慣行の対極にあるものだと考えていた。彼女たちの改革運動は、女性を家庭の擁護者とする中産階級的な家庭重視の文化と、身体の健康を保つことが市民としての責務であるとする信念の高まりの双方によって影響を受けることになる。しかも彼女たちは、アメリカ白人の女性観と結びついてジェンダー化された責務としての「道徳的純粋さ」に関心を払っていた。皮肉なことに、一九二〇年代から三〇年代にかけて、中国系アメリカ人社会事業家たちはこの公衆衛生、家庭性、ジェンダーのあいだにある連想関係を用いて、中華街《チャイナタウン》が「家族社会」の花開く場になったという証拠を列挙することにより、自分たちのコミュニティへの社会サーヴィスの改善を求めたのであった。(8)

〔**奴隷制**〕

右の研究においてシャーは、女性たちによるサンフランシスコの家庭改革の計画をより広い帝国主義的プロジェクトと結びつけている。そこには、中産階級が家庭を重視するという理想像を輸出することによって、海外の「他者」を文明化しようとするプロテスタント宣教師たちの運動が含まれていた。一九世紀初頭の福音主義プロテスタンティズムに影響を受けた中産階級の家庭重視の思想は、イギリス人女性の反奴隷制運動にとっても重要であった。クレア・ミジリーの『奴隷制に反対する女たち――イギリスの運動、一七八〇年―一八七〇年』によれば、奴隷制廃止運動の女性たちは、女性ないし母としてのジェンダー化された自己認識に立脚しつつ、領域分離イデオロギーに影響を受け、黒人の家族生活の破壊と残虐に罰せられ性的に搾取される奴隷女性たちの受難とを自分たちの反奴隷制構想の中核に据えたのだという。ミジリーは、イギリスにおける女性たちの奴隷制廃止運動への参加と、彼女たちの博愛主義活動や福音主義的伝道活動には、関連性があると論じている。彼女たちはこうした活動への献身を「女性に与えられた道徳の擁護者としての役割にかかる責務」であると捉えており、そして「黒人が人間であるという信念」と「アフリカが文化的に劣等であるという確信」を結びつけていたのだという。(9) 一八二〇年代の奴隷制廃止主義の女性運動家組織は、「私たちは女性であり、つまりは姉妹である」というスローガンを採用していた。だがミジリーによれば、彼女たちが再生産した黒人奴隷のイメージとは、ひざまずいて助けを乞う嘆願者としてのものであり、イギリスの白人女性はブリタニア〔イギリスを擬人化した女性〕、正義の女神、自由の女神、ヴィクトリア女王のような帝国の母親像として表象されたのである。

イギリスにおける女性の奴隷制廃止運動は、より大きな帝国主義的プロジェクトによって枠組を与えられていた。一八二〇年代の西インドにおけるジャマイカの奴隷制植民地に向かったバプティスト宣教師の男性たちも、また然りである。キャサリン・ホールによる広範な史料調査に裏打ちされた著作『文明化する主体——イングランド人の想像力における宗主国と植民地、一八三〇年—一八六七年』が指摘するように、宣教師たちが熱心に奴隷制に反対したのは、奴隷制が奴隷である男女に家族生活の恩恵を与えることを否定するものであり、同時に、白人農園主《プランター》を性的に頽廃した者へと堕落させていくという理由からであった。宣教師になった若い男性たちは、キリスト教的な男らしさの価値を内面化するために設定された訓練を受け、ジャマイカで伝道活動を開始する前に結婚することが期待されていた。結婚は崇高なものとされ、宣教師たちの男らしさにとって不可欠なものだと考えられていたのである。それは、結婚が彼らの妻の家庭性を高め、そして彼ら自身の高潔さを保証するということが理由のひとつであった。黒人と活動をともにするがゆえに農園主《プランター》からの敵意に直面することになる宣教師たちが安らぎを得るために、家族は不可欠のものとなった。そして「家族経営体」は、彼らと信徒たちの関係にとってのモデルを提供した。「この家族経営体における宣教師の役割は、彼の父性と密接に関連していた——世帯の主、家族にとっての父、会衆の父、「主の」学校における子どもたちの父としての役割である」[10]。こうした家父長的体制は、ジェンダーと人種のふたつの階層秩序によって構造化されていた。宣教師は自分たちの運動を「これら「あわれな創造物」たちを救済して、男らしさや自由をもたらす」ものであると見なしていた[11]。彼らは、奴隷を軽蔑すべき制度の無力な犠牲者であると信じていたのである。しかしながら、ホールは人種の階層秩序が人間の平等に関する彼らのレトリックのもつ力を弱めていると指摘する。宣教師たちは、黒人を彼らの父権的なかたちでの導きが必要な子どものような存在と見なしていたからである。

彼ら宣教師が信じていたのは、奴隷解放がかつての奴隷たちを独立した存在にし、そして元奴隷たちが豊かになり、キリスト教的男らしさの価値を体現して家族を維持する中産階級白人イングランド男性のようになるであろう、ということであった。しかし、解放された黒人奴隷と宣教師の友好関係には限界があった——それは、過度の独立を認めず、宣教師たちの理想に適合的でない振る舞いは許容しない、という限界である。時が経つにつれて、ジャマイカおよびイングランドの宣教師たちは幻滅し、宣教師のなかには、黒人にはかつて彼らが思い描いたように文明化されたキリスト教徒になることを阻害する「生まれもった」何かがあるのだと信じるようになる者もいた。植民地と宗主国がいかに密接不可分に結合していたのかを語るホールの研究の複雑な内容を、このような簡潔な要約では十分に論じることはできない。しかし、本章の目的にとって重要なのは、ジェンダーと結びついた人種という観念が、多くの点でまさに帝国のプロジェクトの一環としての奴隷制廃止主義の宣教師たちの事業にとって、中心的であったという点を確認することにある。

アントワネット・バートンの研究は、国内の女性参政権運動のみならずインドの性病予防法に反対する運動をも扱ったイギリスのフェミニズム雑誌および文献に関する画期的なものであり、一九世紀イギリスのフェミニストによる政治的シティズンシップの要求にとってジェンダーと帝国の文化が不可欠のものであったことを指摘している。バートンの論文の重要な点は、女性が投票権をもつに値する存在であることをフェミニストたちが主張する際のコンテクストとしての帝国という存在を考慮に入れて、はじめて宗主国におけるイギリスの女性参政権運動が十全に理解できるということを明らかにしたことである。バートンによれば、彼女たちは「インド人女性」のイメージを利用して「帝国の文明化の使命」に参加することがジェンダー化された責務であると主張することで、自分たちが投票権をもつにふさわしい存在であると訴えたのである。バートンの分析は、インド人女性が自分たちの苦境を訴えるためにイギリス人の姉妹たちに頼る「無力な犠牲者」として表象されていたことを明らかにしている。フェミニストは、幼児婚、閉居、再婚禁止といった文化慣習が表わすインド人女性たちの貶められた地位に焦点を当てた。フェミニズム帝国主義は、白人男性の武勇伝を強調する男性主義版帝国主義とは対照的に、帝国の権力にとって必要不可欠な構成要素として女性の道徳的な力を重視したのであった。バートンの指摘によれば、女たちの帝国主義的使命は、アングロ・サクソン人種の誇りとイギリスの国民的自尊心の感覚を基盤としていたのだという(12)。

　奴隷制時代と奴隷解放直後の数十年間の西インド・バルバドス植民地での富裕な白人女性の博愛主義団体に関する研究は、これまで詳細に見てきた人種、階級、ジェンダーをめぐるいくつかの論点を例証するものとなる。メラニー・ニュートンの論文「バルバドスにおける博愛主義、ジェンダー、公共生活の生産、一七九〇年頃から一八五〇年頃まで」は、有色自由人の男女に対する支配を主張することによって、バルバドスにおける白人／黒人の人種的階層秩序を強化しようとする白人エリート女性の運動に焦点を当てている。一八二〇年代以降、バルバドスにおいて博愛主義組織が活発化したが、そのなかには富裕な白人女性が公共の領域で母親的役割を引き受ける場となったものもあった。他方で、家庭重視のイデオロギーを発揮することで自分たちの品行方正《リスペクタビリティ》さや、公共圏における自分たちの役割を示すための非白人の自由人男女から構成された組織も存在した。非白人の博愛主義結社は、奴隷制の考え方に対して異議を申し立て、自由な黒人のエリート男性たちが政治的権利を主張する際に利用された。他方、白人女性の博愛主義活動は、人種的階層秩序を強化するエリート白人男性の運動を支援するものであった。[13] こうした博愛主義に関する議論によれば、バルバドスの白人エリート女性たちは、「他者」に対する自分たちの優越性を刻印するものとして、ジェンダーが「他者」である女性の家庭生活をかたちづくる際に生じる差異に注目した。ジェンダー関係と女性性をめぐる理念は、誰が文明化された存在、あるいは国民の一員となる価値のある存在と見なしうるかを示すために、しばしばエリートたちによって表象されたのである。

ここまで議論してきた著作が示しているのは、博愛主義や奴隷制廃止運動、そしてインド人女性の保護を含む慈悲深い活動が善意によるものであることは疑いなく、またその受け手の側となる「他者」たちにとって積極的な結果をもたらしえたとはいえ、そうした運動が複雑に構成されたものであり、多面的な結果にいたったということである。これらのジェンダー化された人道主義的運動は、「人種」および／あるいは階級によってかたちづくられ、「われわれ」と「やつら」のあいだの階層秩序的な差別化を基礎とするものであった。そしてそれは、参加する者たちの特定の階級、人種、ジェンダーにもとづくアイデンティティを構築ないし強化することに役立つようになった。バートンの著書におけるフェミニストやニュートンの論文でのバルバドスのエリートといった主体は、はたして意識的かつ自覚的にジェンダー、人種、階級にまつわるイデオロギーを操作していたのであろうか。そして彼女たちは、政治的主張をおこなったり社会のなかで独自の地位を確保したりするために、意図的にそうしたイデオロギーを利用していたのだろうか。よく知られているように、残念ながら、こうした動機付けを論証することは難しい。しかし、差異に関する観念がどのように作動するのかを理解するために、個人の動機という点から考察する必要はない。むしろ、そうした活動に参加する女や男の語り方や行動の仕方が、その時代に当然と見なされていたものに影響を受けていたという点を理解することが重要となる。言いかえれば、彼／彼女たちは、より大きな階級ないし帝国（あるいはその双方）のプロジェクトの一環としての活動に参加していた。すなわち、人びとがみずからとそれを取り巻く世界をどのように理解するかという見方を形成するプロジェクトである。同時に、彼／彼女たちの言動は、その時に作動している差異の階層秩序に影響を受けていただけでなく、その階層秩序の維持にも貢献していた。

前述の西インドにおける自由黒人とエリート白人に関するニュートン論文の簡潔な概要は、アメリカとカリブ海地域、ひいてはより一般的に帝国ないし植民地プロジェクトである奴隷制のなかでジェンダーと人種・エスニシティの交錯が果たした役割についての極めて重要な研究成果に関する、その後の議論への橋渡しとなる。いうまでもなく、奴隷貿易とプランテーション奴隷制は、カリブ海地域およびアメリカ独立革命以前の北米におけるイギリス帝国のプロジェクトにとって、中心的なものであった。さらにいえば、キャサリン・ホールが強調したように、「帝国の時代」とは、差異の構造が、階級、人種、ジェンダーの軸を横断して精緻化されていった時代

なる。[14] しかしながら、私の奴隷制と植民地主義の歴史におけるジェンダーと人種の相互依存関係をめぐる議論では、ジェンダーと人種をそれぞれ別個のものとして論じることによって、ジェンダー史研究者たちが多様な問いを提起してきたことを示してみようと思う。

一九七九年に刊行されたデボラ・グレイ・ホワイトの『私は女ではないのか』と、一九八五年のジャクリーン・ジョーンズの著書『愛の労働、悲しみの労働』は、アメリカ合衆国の奴隷制における黒人女性の生活についての画期的な研究である。ホワイトの著書は〔奴隷〕女性の生活とコミュニティに焦点を当てているが、同時に彼女たちと男性奴隷たちの関係も検討している。彼女の研究によれば、その関係はプランテーション所有者の家父長的家族とは異なり、相対的に見れば平等主義的であったという。ホワイトが指摘しているところでは、奴隷たちの世帯内には性別分業が存在していたとはいえ、それは男か女のいずれかが家族を支配するという関係になることはなかった。[15] ジョーンズの研究は、奴隷制下での女性たちの生活に関する詳細なものであり、プランテーション制度がどのように性別による分業を形成したのか、そしてそれが奴隷解放後の社会での女性労働と家族関係にいかなる長期的な影響をもたらしたのかという点に関する研究である。彼女の著書は、奴隷制とその後の状況がジェンダーをめぐる差異の意味を形成した点に光を当てており、ジェンダーが人びとの生活をかたちづくる際に人種と階級の差異がおよぼした影響を考慮することの重要性を指摘している。この研究は、白人エリートと彼らによって奴隷化された人びとのあいだには、ジェンダー関係や家族生活の面で違いがあることを明らかにしている。(16)ホワイトやジョーンズのような研究者による歴史研究は、女性のあいだにある差異を明らかにし、女性の労働や家族生活に対して奴隷制がもたらしたジェンダー化された影響を証明する点で重要である。他方、ジェンダーと奴隷制に関する最近の研究は、女性のあいだの差異や世帯内での女性の地位あるいは性別分業への関心を超えて、人種カテゴリーの構築においてジェンダーがいかに利用されたのか、奴隷制の創出と管理において人種とジェンダーがどのように結合されたのかという点、そして奴隷制そのものにとっての人種およびジェンダーの中心性、といった問題に取り組んでいる。

そのなかでも特筆すべき事例は、一九九六年のキャスリン・ブラウンの研究『善き妻、ふしだら女、不安な家父長——植民地期ヴァージニアにおけるジェンダー・人種・権力』である。ブラウンの著書は、特に法廷史料を中心とした多種多様な一次史料を用いて、北米でのイングランド最初の植民地ヴァージニアにおける人種主義的な奴隷制の構築にジェンダーが果たした役割を丹念に論じている。ブラウンはさらに、人種カテゴリーの構築においてジェンダーが不可欠だった点を明らかにしている。彼女の分析は、奴隷制の台頭にともない家族および政体のなかでのジェンダー関係がどのように変容したのかという点についてのものであり、家父長的ジェンダー関係において人種が中心的役割を果たしていたことを立証している。

ブラウンの研究は、まさに一七世紀初頭から一八世紀中葉にかけてのヴァージニア植民地に関する歴史の語りの中心にジェンダーを位置づけ、そして「ジェンダー・奴隷制・エリート支配を相互に関連する権力としてとらえ、その歴史は交錯して、共同作業のようにお互いを規定する」[17]ものとした。言いかえれば、ブラウンは「人種、階級、ジェンダーを、相互に重なり合い関係し合う社会的カテゴリーとして」概念化したのであった[18]。

この書物の題名は、彼女が語ろうとする物語の意味を正確に捉えている。近世イングランドにおける「善き妻」と「ふしだら女」の違いは、イングランド「中産層」の「品行方正《リスペクタブル》」な既婚女性と、性的に放縦であると思われていたイングランド貧困層の女性の差別を意味していた。一七世紀を通じてタバコ産業の成長とともに、ヴァージニアでは、この差別が新たな意味を帯びるようになった。一六二〇年代の初めにイングランド人女性たちは年季奉公人としてヴァージニア植民地に連れてこられ、農場で男性たちと一緒に働いた。「善き妻」と「ふしだら女」の区別は、「既婚であり、家庭内で働く道徳的で品行方正《リスペクタブル》な女性」と「男がする肉体労働に適しかねない、堕落し退廃したふしだら女」を意味するようになる[19]。この差別化にとって結婚が重要であったのは、結婚を通じて女性は「善き妻」となり、そのセクシュアリティが夫の管理下に置かれるようになるからであった。つまり「善き妻」と「ふしだら女」の差別は、ジェンダーおよび婚姻状態と、社会的地位ないし階級的権力における差別だったのである。時が経つにつれて、この差別は人種化されていった。イングランド出身の女性は道徳的かつ貞淑な存在と考えられ、これに対してアフリカ人の女性は性的に放縦で悪業をなすと思われるふしだら女とされたからであった。

ブラウンはこの変化を、裁判所の判決や奴隷制を規制する立法の制定過程を検討することによって論証している。一六四三年にヴァージニア植民地議会は、農場で労働するイングランド人女性と奴隷化されたアフリカ人女性を差異化する法律を制定した。その法律は、すべてのイングランド人男性および男性奴隷と同じように女性奴隷を「十分の一税を納めるべき」つまり課税対象とするものであった。アフリカ人女性は、これによって法的には男性労働者と同等の存在として理解されるようになり、あらゆるイングランド人女性から差異化される。すなわち女性性は、階級の問題というより人種の問題になっていったのである。一六六〇年代には、奴隷制の「人種的」定義を強調し、アフリカ人をその他の人種から分ける諸法が制定されていった。一六六二年の法律は、奴隷とされたアフリカ人女性が産んだ子は主人の所有物になると規定した。つまり、その子の父親が誰であるかにかかわらず、奴隷制はアフリカ人女性を通じて継承されるものとなる。一六六八年には、自由なアフリカ人女性もまた十分の一税を課される対象であると宣言され、アフリカ人は人間ではなく財産であるという認識をさらに強化していった。アフリカ人女性に焦点を当てたこうした法律は、「女らしさ」という観念自体を人種に特化したものにした。決定的なところでは、一七世紀末に人種間結婚が禁止されたことで、白人女性に対する白人男性の排他的な権利を認め、黒人男性と性的関係をもった白人女性奉公人に対する過酷な処分を容認し、白人男性がアフリカ人女性を性的に利用する権利を温存することになった。ブラウンが述べているように、「人種化された家父長制と性的な意味づけをされた人種の概念は、白人男性が奴隷制社会における権力を盤石なものとする新しい方法を創り出したのである」[20]。ブラウンはまた、植民地が明文化された法体系を整え、ますますエリート白人男性に統治される奴隷制社会へと変化していくにつれて、コミュニティの意見の媒介者としての白人女性の声がより圧殺されるようになった点を指摘している。次の章では男性性と「不安な家父長」についてのブラウンの議論を紹介するが、再編された家父長主義体制へといたるこの変容の過程は、人種差別だけでなくエリートのあいだのジェンダーをめぐる階層秩序もまた、奴隷制の精緻化とともにさらに強化されていったことを示している。

ヴァージニアあるいはアメリカ南部だけではなく、カリブ海地域でもジェンダーは奴隷制にとって重要なものとなった。ヒラリー・マクド・ベックルズが論じたように、西アフリカからカリブ海に奴隷として連行されたアフリカ人の数は男性よりも女性のほうが少なかった。ベックルズは、この原因を西アフリカで支配的だったジェンダー秩序に求めている。西アフリカでは女性が農場で働いていたがゆえに、相対的に男性は必要不可欠な存在ではなく、したがって、奴隷として売買されやすかったという。西インドのプランテーションでは、奴隷にされたアフリカ人男性は彼らにとっては女性の仕事である作業、すなわち農場での労働を強いられた。イングランド人男性は白人女性が農場で働くことを要求しなかったが、労働力としての需要があったので、一六二四年から一六七〇年にかけてイギリスから女性年季奉公人が送りこまれることになった。一七世紀末にイングランド人農園主は、白人女性はプランテーション集団労働に従事させられないとする政策を始める。白人女性と黒人男性の人種間性交渉の危険性をできるだけ限定的なものとするために、両者を分離しておく必要があったのだ。ブラウンが論じたヴァージニア植民地と同じように、ここでも家父長制は人種化されることになった。一七世紀後半から一八世紀初頭にかけて、農園主たちはアフリカ人女性奴隷の出産に関心を向けていくようになる。黒人女性は、子どもを産むことと過酷な労働に従事することの両方を期待された。彼女たちの出生率が低いことは、彼女たちが女性的でないことを示していると考えられた――彼女たちは「アマゾン」とされたのである。プランテーション経営者は（奴隷貿易の廃止によって危機に瀕していた）奴隷人口の増加を促すため奴隷たちに金銭的な面での誘因を提供して出産させようとし、奴隷制廃止運動家たちの主張に対抗するために若い奴隷にはキリスト教にもとづいた結婚をさせた。つまりベックルズの指摘によれば、アフリカ人女性は奴隷制度にとって不可欠な存在であり、奴隷制廃止論者と奴隷制擁護派のどちらの運動においても政治的に不可欠な存在だったのだという(21)。

奴隷制のなかで女性の生殖労働が中心的役割を担っていたとするベックルズの立論は、ジェニファー・モーガンの著書『働く女たち――新世界の奴隷制における生殖とジェンダー』によって支持され、さらに詳細に論証されている。モーガンの研究は、一七世紀から一八世紀にかけてのイギリス領カリブ海地域（バルバドス）とアメリカ南部（サウスカロライナ）における奴隷制にとっての女性とジェンダーの重要性を検討するものである。一六世紀から一七世紀のアフリカ系女性に関するイメージや旅行記の記述を分析したモーガンは、そのような表象が奴隷貿易の正当化に貢献する、人種化された差異の観念の登場を示していると指摘する。最も重要なのは、アフリカ女性が、身体的に屈強かつ公衆の面前で出産することに慣れており、出産後はすみやかに生産労働へと復帰する存在として描かれていたことである。ベックルズが指摘するように、女性奴隷は多産ではなかったが、イギリス植民地での彼女たちに関する記述は、彼女たちが出産しながら肉体労働をこなす能力に焦点を当てており、主人に恩恵をもたらす奴隷としての二重の労働を正当化するものであった。アフリカ人女性は、苦痛もなく出産する存在として描かれることによって、ヨーロッパ人女性とは差異化された。モーガンは一七世紀後半から一八世紀にかけてのバルバドスとサウスカロライナにおける遺言状やその検認記録を駆使して、奴隷所有者たちが女性奴隷の出産を通じて富が蓄積されることを認識しており、それゆえ、彼らが遺言によってひとりの若い女性奴隷を二名の別々の相続人に与えることもあったという事実を明らかにしている。[22]

これらの奴隷制と人種的差別化の創出にみられるジェンダーのもつ重要性に関する研究は、新世界の奴隷制と「人種」によって差異化されるアイデンティティの創出において、セックスと身体が決定的に重要であったことを示している。あとのほうの植民地および帝国主義的事業に関連する議論でさらに論じることになるが、このつながりは、カーステン・フィッシャーの著書『疑わしき関係——植民地期ノースカロライナにおけるセックス・人種・抵抗』のなかで詳しく論じられている。フィッシャーは一八世紀ノースカロライナの下級裁判所記録の調査にもとづいて、（特に性的な）暴力事件および人種間性行為に関する名誉毀損についての裁判で、植民地の民衆が人種的差異の意味の創出に貢献していたことを明らかにしている。とりわけ人種間の性交渉をめぐる裁判において、一般の人びとは人種のもつ重要性についての認識を表明していった。フィッシャーが示すのは、一八世紀においては白人の奉公人と黒人の奴隷が異なるかたちで処罰されていたことである。一七世紀には奉公人は焼印を押されたり舌や耳をそぎ落とされたりしたが、一八世紀にはそうした刑罰は黒人奴隷に対してのみ執行されるようになった。一八世紀半ばのノースカロライナでは、初犯で有罪になった男性奴隷への刑罰を去勢とする法律が制定された。このような政策は明らかに、セクシュアリティへの不安を人種的差別化の厳格化と結合させたものである。同植民地では、一七一五年に人種間結婚を禁止する法律が制定される。それは、一八世紀中葉にはさらに強化されて、アフリカ人の祖先をもつことが確認できるあらゆる人間に人種間結婚の禁止が適用されるにいたった。フィッシャーが述べているように、「非合法なセックスは人種的差異の認識と象徴的に結びついていたが、それは人種を性と同じように身体的なものにしていった」[23]。白人の主人たちが奴隷となった女性を性的に食い物にしても刑罰を免れる一方で、アフリカ人女性は裸にされて公衆の面前で鞭打たれることになり、強姦で有罪となったアフリカ人男性の首は道端の杭の上に晒されることになった。つまり暴力は、ジェンダー化された人種とセックスの結びつきを強調するという、性的な次元もはらむことになったのである。

〔植民地主義〕

奴隷解放後のイギリス領南アフリカ・ケープ植民地における「人種」は、未婚か既婚かの区別と結びついて、品行方正《リスペクタブル》な女性らしさの定義にとって不可欠なものとなった。パメラ・スカリーは、一八三八年に奴隷制が廃止されたあとのケープ植民地での強姦に関する裁判を研究して「植民地アイデンティティの構成におけるセクシュアリティの中心的位置」を明らかにし、植民地支配が「人種、ジェンダー、階級に関する暗黙の前提」によって規定されていたと論じている[24]。彼女は、(奴隷制と同じように)植民地主義が黒人女性を強姦したかどによる刑罰から白人男性を保護する条件を創り出していたと指摘する。スカリーによる一九世紀中葉の人種・セックス・ジェンダーの動態的歴史の分析は、ある農民の妻を強姦した容疑で起訴された若い黒人男性労働者の裁判に焦点を当てている。彼は自分の有罪を認め、それによって死刑を宣告された。その労働者の弁護のために「白人」男性たちが、強姦罪の告訴をおこなった当該女性が有色人女性であったことを主張する請願書を提出し、これが受理されると、この被告の刑は軽減されることになる。それは明らかに、彼女が性的に放縦であったと考えられたためであった。件の農夫とその妻はともに、地元コミュニティの人びとに混血である（「婚外子の有色人」）との嫌疑をかけられていたのである。当初、被害者を白人女性であると信じていた判事は、彼女の品行方正さ《リスペクタビリティ》を疑っていなかった。疑いが生じたのは、彼女が「黒人」と思われるようになったときであった。しかし、なぜ白人男性たちは強姦罪で起訴されている黒人男性のために請願したのであろうか。実は、この事件は特殊な例ではなかった。スカリーは、強姦罪で告訴された黒人男性のために白人男性たちが起ち上がった事例をほかにも発見している。これらの事例のすべてで、被害者の女性は白人コミュニティから黒人であると認識されていた。もし白人女性が強姦されたなら、強姦した者の人種が彼の量刑を決定した。スカリーの仮説によれば、白人男性たちが黒人女性を強姦したとして起訴されている黒人男性を請願によって守ろうとしたのは、黒人女性が本質的に名誉を尊重するに値しない性的に放縦な存在であるという理由からで、彼女たちを強姦することが（たとえ強姦者が誰であろうと）死刑に値する罪ではないと主張するためだったのだという。スカリーは、これは白人男性が法的に訴追されることなく黒人女性を性的に利用する権利を保持するための手段だったと指摘する。スカリーの分析は再びジェンダーと人種の相互依存関係を明らかにし、そして植民地支配——すなわち植民地で支配する者とされる者を峻別し差異の線引きをする行為にとってセクシュアリティ、とりわけ人種間の性的関係が重要であった点を強調するのである。

様ざまな時代の多様な植民地支配の場を検討するフェミニストの研究者たちは、植民地化と植民地支配にとって、人種化されたジェンダーと親密性の空間が決定的な重要性をもつことを明らかにしてきた。セクシュアリティや結婚に関する不安は、アジア、アフリカ、北米、カリブ海地域での植民地統治において主要な関心事であった。そうした不安は、社会秩序の性質についての問い、そしていかに植民者および統治者が被植民者および被統治者に対する優越性を保ちうるかという問題に影響を与える。したがって、そうした不安は不可避的に人種をめぐる政治と結びつけられた。そのような不安が多様な時代と状況のなかで作用してゆく形態は一様ではなかったが、あらゆる帝国主義的社会構成体において重大な関心事となった。[25] フィリッパ・レヴィンはイギリス帝国にとってジェンダーとセクシュアリティがもつ意味を要約して、こう述べている。「無制限なセクシュアリティは、帝国にとって絶えざる脅威であった。それはイギリス人の自己抑制と理性という理想を掘り崩し、人種間の性交渉を、そしてときにはその副産物たる子孫を産み出し、危険な、あるいは存在してはならないとされるような、容認されざる性的行動を促進していった。

これらのことは、取るに足りない杞憂どころか、帝国の統治が機能するか否かにとって中心的な問題だったのである」[26]。

様ざまな局面での内縁関係（ヨーロッパ人男性と現地人女性の婚外同棲）、売買春、ヨーロッパ人女性を排除して、その後に移住させること、白人女性と非白人男性の性的接触の一律禁止、非白人男性による白人女性への暴行の恐れ、そして誰と誰が合法的に結婚できるのかという問題はみな、多様な帝国主義的事業における植民地統治の特徴だったのである。

アン・ストーラーが論じるところでは、オランダ領東インドでは内縁関係が二〇世紀まで合法とされ、「兵営やバンガローの男たちを売春宿から遠ざけ、男たちが互いに倒錯的な関係に走らぬようにする」[27]ために積極的に容認されていたと指摘する。フィリッパ・レヴィンが論じたように、こうした慣行はインドでの売春の管理統制と同じように、本質的に男性は極めて性的な存在であり、帝国が文明化の使命を担っているというイメージを保持するためには抑制されなければならないという仮定にもとづいて、制度化されたものであった[28]。白人男性と（結婚による）家庭関係を形成するために植民地へと連れてこられたヨーロッパ人女性たちと同じように、被入植者女性も、男性たちを満ち足りて仕事に適する状態にしておくための存在であると考えられていた。ストーラーは、オランダ領東インドではヨーロッパ人男性の支配が安定的である限りは、内縁関係が望ましい家庭関係の形態とされていたと論じている。しかし、その支配の基盤は多様であった。ストーラーは詳細な植民地状況に関する調査にもとづいて、ヨーロッパ人の女性が来訪するとヨーロッパ的な結婚にもとづいた家庭観が支配的になり、人種という差異をめぐる憂慮がさらに声高に表明されるようになったと指摘している。イギリス領インドでのイギリス系インド住民コミュニティの女性を研究したメアリ・プロシダは、白人女性がインド人の男女に敵対的であり、自分と夫の特権的な地位を保持しようとしていたこと、つまり彼女たちが植民地支配のより広い力学に対して単なる受動的な傍観者ではなかったことを明らかにしている。[29] しかしストーラーは、「ヨーロッパ人女性たちの声は、彼女たちの目標が人種や階級をめぐる政治の再編と軌を一にするまでは、聞き入れられることがほとんどなかった」とも指摘している。[30]

イギリス白人女性たちは一八六〇年代にカナダのブリティッシュ・コロンビア植民地に渡ったが、それは同地に品行方正さ《リスペクタビリティ》、道徳、家庭性をもたらそうとする植民地当局の移民計画によるものであった。ブリティッシュ・コロンビア建設におけるジェンダーと人種に関するアデレ・ペリーの研究は、彼女たちの存在によって人種混交関係を排除することになり「人種間の境界を画する存在として役立つ」こと、そしてヨーロッパ系カナダ人男性を家庭化《ドメスティケイト》／飼い馴らして改革することによって植民地に品行方正さ《リスペクタビリティ》をもたらすことを企図したものである点を明らかにしている。しかしペリーの研究は、植民地当局にとって彼女たちの存在が「諸刃の剣」であったとも指摘している。経済的には従属的で、労働の機会もない状態での彼女たちの生活の窮乏は、彼女たちが帝国の白人女性像の理念に常に適合したわけではなかったことを意味していたからである。[31]
一九八一年のシルヴィア・ヴァン・カークによる研究が明らかにしたように、一七世紀後半から一八世紀末にかけてのイギリス帝国の西カナダにおける居留地では、毛皮交易商人と先住民女性が通婚関係にあった。この地域では一九世紀初頭になるまで白人女性が存在していなかったが、家庭性は毛皮商人にとって重要であり、そして先住民コミュニティはヨーロッパ系カナダ人男性を親族関係のネットワークに取り込んで経済的つながりを強化するためにコミュニティの女性と男性商人たちが結ばれることを推奨した。すなわち、人種間結婚と親族関係の発達は、毛皮交易の発展にとって根本的に重要だったのである。こうした形態の結婚は、先住民とヨーロッパ人の双方の慣習から導き出されたものであり、それは「現地の慣習に則した」結婚として知られていた。しかし定住期になると、こうした結婚は珍しいものになっていき、白人社会から軽蔑されるようになる。その結果として、先住民女性を性的に食い物にする行為が激化し、「現地の慣習に則した」結婚は非合法かつ不道徳と見なされるようになった。〔それ以前に〕白人の毛皮商人と先住民の女性のあいだでなされていた結婚は、ヴァン・カーク言うところの「多くの優しい絆」となった——つまり先住民女性とヨーロッパ系カナダ人の夫のあいだには深い愛情が育まれかつ持続したのだという。[32]
ヴァン・カークの最近の論文によれば、人種間結婚が慣習的にヨーロッパ系カナダ人を先住民の親族関係に組み込む方法であると考えられていた初期の時代とは対照的に、一九世紀末には、もし先住民の女性とヨーロッパ系カナダ人の男性が人種間結婚をおこなった場合に、その女性は先住民としての法的地位を失うことになった。ヴァン・カークはさらに、先住民の女性とヨーロッパ系カナダ人の男性の結婚が植民地社会で容認されうるものだったのに対して、先住民の男性とヨーロッパ系カナダ人の女性の結婚の例はほとんど存在しなかったとも指摘する。そのような結婚が挙行されたふたつの事例をヴァン・カークは紹介しているが、そうした夫婦はあからさまな敵対心に直面することになる。ヴァン・カークによれば、そのような関係がヨーロッパ系カナダ人の男性の特権にとって脅威だったからである。一九世紀を通じて定住者社会が西へと進むにつれ、人種間の結婚はますます否定されるようになり、とりわけ「人種混交」あるいは「諸人種」の混ざり合いとして知られるようになっていた行為を非難する、人種差別的なレトリックが蔓延していった。そして、そのような通婚関係から生まれた子どもは不道徳な存在と見なされたのであった。(33)

カナダに関する研究が示すように、入植者と被入植者のあいだの「混交的な」結びつきに関する考え方や身がまえは、時代や状況に応じて異なるものとなった。ラテンアメリカ研究者たちは、家系の少なくとも一部がヨーロッパ系の人びとを先住民から差異化するための人口「漂白」の手段として、「混交的」な祖先をもっていることが称揚されたことを指摘している。イギリス領インドでは、混交的な結合は非難され、取り締りの対象となった。オランダ領東インドでは、混交的な肉体関係はある時点では一部の植民地男性のために奨励され、別の時には非難されることになった。フランス領インドシナやオランダ領東インド、あるいはヨーロッパ各国の帝国行政において、そうした関係から生じた子どもをどう扱うのか、あるいはどのように分類するかという問題は、常に関心と論争の的となった。このような多様性にもかかわらず、常にジェンダーと「人種」は、まさに入植者と被入植者のあいだの境界がどのように引かれるのかという問題の中心に位置するカテゴリーだったのである(34)。

入植者と被入植者、すなわちヨーロッパ人と「他者」のあいだの〔性的に〕親密な関係をめぐる不安は、ヨーロッパ本国においても起こりうるものであった。タイラー・ストヴァルは、第一次世界大戦期のフランスでのあるひとつのエピソードを研究することを通じて、植民地化されたマダガスカル出身の多数のアフリカ人男性たちが工場での労働のために連れてこられ、同じく重工業で戦時下の労働力不足を埋め合わせるものとして雇用されていた多くのフランス人女性たちと肩を並べたときに、人種混交をめぐって深刻な恐怖が流布したことを明らかにしている。フランスの当局は、本国および帝国領におけるジェンダーと人種の階層秩序を維持するために、フランス人女性とのあらゆる肉体関係を制限しようと精力的に試みることになった。フランス人は、アフリカ人を「野蛮人」と見なしていたので、兵士としては歓迎した。だが、彼らはアフリカ人を道徳的に貧困であり性的欲望が強いと見なしており、したがって労働者としてのアフリカ人の存在には疑念の目が向けられたのである。他方、フランスにおける労働者女性は、怠惰かつ性的に不道徳、そしてあらゆる女性がそうであるように情動の面で抑制しがたい存在であるとして蔑まれていた。一九一四年以降、フランスが植民地に定住するフランス人たちのための白人配偶者を募集しようと試みると、女性入植者は家庭性と品位を備えたブルジョワ的価値を体現する存在であると想像されるようになり、彼女たちは植民地で特権的な生活を営むことになった。したがって、政府を憂慮させたひとつの問題は、フランス人女性労働者とアフリカ人の性的な接触が本国とアフリカの双方において「入植者」のイメージを脅かすのではないかということにあった。政府はまた、入植者たちによって本国にポルノグラフィ的な絵葉書が郵送されているという検閲官の報告に、深刻な懸念を示していた。ストヴァルによれば、「非白人男性がエロティックなフランスの絵葉書を目にするという可能性は、ヨーロッパ人男性が被入植者女性の淫らなイメージを賞賛するという植民地のパターンを転倒させてしまった」のである。[35]当局は、フランス人女性が非白人男性と結婚することを阻止しようとするなど、様ざまなかたちで人種間の性交渉を抑制するための介入をおこなった。こうした運動はそれほど成功を収めることはなかったが、そうした運動が「フランスにおける、とりわけ男女間の関係を統制するカラー・ラインという観念そのもの」を確立することには貢献したのだとストヴァルは指摘している。[36]

結　論

本章は、ジェンダー、人種、階級が、重なり合い交錯するカテゴリーおよび関係性として理解されるべきであることを明らかにしてきた。博愛主義や伝道などの慈善活動に関する研究の事例は、人種・エスニシティおよび／あるいは階級が、いかにジェンダーと結びついて思想や実践を形成してきたかを論証してくれる。北米やカリブ海地域での奴隷制の研究は、新世界での奴隷制の創出およびその維持、そして差異の構築にとって、ジェンダー、生殖、身体が中心的であったことを明らかにしている。最後に、植民地主義研究の中心にジェンダーを据えることで、入植者と被入植者のあいだの性的な関係の諸形態が、支配の境界線を危険に陥れるがゆえに、帝国主義事業のまさに中心にあったということが明確になった。次章では、分析の道具としてのジェンダーが、女性性の意味の変容にとってのみ重要なのではなく、ジェンダー史の論点として男性性の研究を発展させたという点を考察することにしたい。

第4章　男性と男らしさ

〔定　義〕

フェミニズムに触発されたジェンダー史の重要な潮流のひとつが、ジェンダー化された歴史的主体としての男性に関するものであり、また男性性《マスキュリニティ》ないし男らしさ《マンリネス》の意味の変容を研究するものであった。専門家による歴史叙述は、長い間、男たちをジェンダー化した存在として認識することもなく、その男たちの政治的、社会的、経済的活動に関心を払ってきた。したがって、男性を男性として対象化すること、あるいは男性性の意味に焦点を当てることは、ジェンダー史研究のとりわけ重要な貢献であるといえよう。これまで歴史の語りのなかの歴史的アクターは、ジェンダーをもたない存在であると理解されてきた。歴史の主体として描かれる人びとは、身体性を剝奪された存在であるかのように考えられてきたのである。たとえば、女性こそが「性的存在」だと思われていた一九世紀のように、女性だけが身体をもつ存在であると考えられていた。国民国家の形成、戦争や工業化、帝国などの歴史では、歴史をつくった人びとの特殊性は見落とされるか、あるいは「自然な」存在であるとみなされてきた。これらの歴史に関与した社会的アクターや経緯や出来事にジェンダーが影響を与えてきたではないかという見解が考慮されることはなかったのである。マイケル・S・キンメルが強調しているように、権力をもつ、あるいは高い社会的地位にある者たちには、自分たち自身が「特殊なものとして構成された集団」であることが見えなくなっている。(1) 彼らは、相対的にみれば高い社会的立場にあるにもかかわらず、自己を「正常なるもの」、すなわち無徴の普遍的な存在であり、「他者」にこそ「違いがある」のだと考えているのだった。

ジェンダー史の発展は、「男性であること」や男性性のコードおよび規範が過去にどのように理解されてきたのか、またそれらが女性と男性の双方の生にどのように影響を与えてきたのか、という点に関する重大な問題を提起するよう、歴史家たちに促してきた。そうした歴史家たちが目指しているのは、男性としての男性の活動を歴史分析の俎上に載せ、様ざまな種類の権力体制に男らしさや男性性の多様な意味が関与していたのかどうか、もしそうであるならば、どのようなかたちによるものであったのかという問題を明らかにすることにある。

本章では、男性であることに関連したジェンダー規範や期待、理念や特性に言及する際に、「男性性《マスキュリニティ》」「男らしさ《マンリネス》」「男性としてのあり方《マンフッド》」の語を使用する。ただ、「男性性」という語は、過去において常に使用されていたわけではない。この語の用いられ方は、言語によって異なる歴史を有している。アメリカ英語では、一九世紀を通じて〔形容詞の〕「男性的《マスキュリン》」という語は「女性に属するものに対して男性に属するものを差異化する」[2]ために用いられた——たとえば、女性の装いに対する「マスキュリンな服」〔=「紳士服」〕のようにである。しかし〔名詞の〕「マスキュリニティ」という語が用いられるようになるのは二〇世紀に入ってのことであり、そのときには、後述するように、それ以前の男らしさの理解のされ方とは異なる固有の意味をもつにいたった。英語の「マスキュリニティ」は、フランス語の「マスキュリニテ」に由来している。この言葉は、少なくとも一八世紀半ばにはフランス語の辞書に見出すことができるが、歴史的に見れば多くの場合、「マスキュリン」は言語に関するものであった。フランス人は「雄々しい」「雄々しさ」といった資質を語ることの方が多かったといえる。一七世紀頃からフランス人は、これらの言葉を女々しさの対照的な語として理解していたのである。[3]

ジェンダー化された社会的アクターとしての男性の歴史を叙述する際、研究者たちは男性であることの社会的構築や経験がどのように男性のアイデンティティや活動に影響を及ぼしたのかという点、それらが文化や集団や時代によってどのように異なってきたのか、というふたつの点を研究してきた。重要なのは、研究者たちが単数の「マスキュリニティ」ではなく複数形の「マスキュリニティーズ」に言及していることにある。研究者たちは「男である」ための方法がひとつしかないということはなく、むしろ、その方法がいかなる時代においても複数存在していたと主張しているのである。特定の歴史的時期に何が男らしい、あるいは男性的であることを意味するのかは、ほかの差異の諸形態によっても、また男性たちが関与する特定の社会的文脈によっても異なってくる。いかなる時代でも、男性は様ざまな制度的環境に参画している。特に重要なものは、家族、職場、そして男性のみで設立される結社である。また同時に、彼らは人生の様ざまな時期に、学校や軍隊、街角などで異なる種類の人間関係に関与することになる。(4)

歴史上のいかなる時代でも、男らしさの意味のなかから支配的になるものが登場する。こうした支配的な文化的構築物に言及するときに、社会学者レーウィン・コンネルに影響された歴史家たちは、「ヘゲモニー的」という言葉を用いてきた。それはこの言葉が、ある特定の男性的な属性のコードが優越していることを示すのみならず、男であるための〔複数の〕方法が競合していることも示してくれるからである。しかし重要なのは、支配的ないしヘゲモニー的なものは「自然」に見える、という点にある。それらは、実際には「偶然的で、流動的で、社会的ならびに歴史的に構築されたもので、可変的であり、不断に変化している」にもかかわらず、これこそが「男のあり方」なのだ、「真の男はかくあるべき」といったかたちで、変わらない現象としてあらわれる。(5) こうした男らしさの意味の変化や、ある時点で男性が表明すると想定されるが潜在的には相矛盾しうる資質の組み合わせ、そして理想的な男らしさと共存しつつそれに代わる男らしさの形態が存在しうるという事実は、男性性が不安定なジェンダーの構成体であることを示している。

ジェンダー史の研究者は、男らしさと女らしさが相互関係によって定義されるものだと仮定している。さらに研究者たちは、男性と女性の関係が、差異にもとづく権力によって特徴づけられた不平等なものであると認めている。しかし、歴史的には男らしい、あるいは男性的であるということは、単に「女性(的)であること」との対比でのみ考えられてきたわけではない。ジョン・トッシュは一九世紀イギリスの「男らしさ」について、「女性との関係は、二義的なものでしかなかった」と指摘している。むしろ、男らしさは「男性の内的な性格に関することであり、そしてこの性格を世界全体で示す行動の類をともなうもの」だったのだという。(6) ステファン・ダディンクは、近世のオランダでは「男性性は、女性性との対比で創出された差異というよりも、危険なまでに女々しさと接近しているという観点から定義された」と指摘している。(7) 言いかえれば、「男らしい」ということは「男らしくない」あるいは女々しいことの反対であるということになる。男らしさや男性性に対するこのような理解によれば、男らしさは、女性に対して男性が権力を保持するジェンダー的階層秩序に関するものであるのと同じく、男性間の関係についてのものでもあることを示している。さらにいえば、人類学者デイヴィッド・ギルモアは、ほとんどの社会では男らしさは証明されねばならない――つまり、それは検証され試されるべき「地位」なのだと論じている。[8] 男らしさや男性性は「精査されたり失効したり、パフォーマンスに失敗したりするものであり、すなわち永遠に篩《ふるい》にかけられる状態にある」ものなのだという。[9] これらのテーマが、本章において論じられる歴史研究で繰り返し登場することになる。

〔中　世〕

ルース・メイゾ・カラスの研究では、中世後期ヨーロッパで少年がどのようにして男になったかという問いに関して、次のようなことを明らかにしている。男らしさの定義は、それが女らしさとは対照的なものであるという前提にもとづいていたかもしれないが、他方で男らしさとは、ほかの男たちを支配するか、打ち負かすことに成功して少年が男になるということに関するものでもあった。カラスが指摘しているところでは、中世の男たちは、ほとんどが社会における女性の従属的な地位を当然のものと見なしており、女性の服従は「常に男性性の一部分であったが、その目的や中心的特徴であったわけではなかった」[10]。カラスはその分析の対象を、一三〇〇年から一五〇〇年頃の時期の三つの男性集団――騎士、大学生、都市の職人――においている。騎士たちは、自分たちが女性の愛を勝ち取るために馬上槍試合をしているのだと主張したのかもしれない。だが、彼らの戦いでの武勇には、ほかの男たちに印象を与えることが意図されていた。それは、そうしたほかの男たちこそが、若き騎士を評価して、その貴族的な男らしさを追認する存在だったからである。男らしさの主要な指標は戦場で暴力を誇示することの成否であったが、中世の大学は若い男性が競争を通じて男らしさを獲得するもうひとつの場となった。大学で彼らは「ほかの男たちを支配するための知性」[11]を用いた知の闘争に参加したのである。男性性は男たちの互いの連帯を示す通過儀礼を通じて確立され、他方で女たちは性の対象とみなされた。大学生たちにとって、男性性は節度や合理性と結びついたものであり、それらは自分たちを女たちだけでなく野獣からも区別する資質だったのである。

都市の職人たちの工房では、男になるということは「自分が少年ではないと証明する」ことを意味していた[12]。若い男性であるということは、みずからの職能を磨き親方になるための修業段階にあることを意味していた。彼らは、技能を獲得して独立し、したがって「しっかりした市民」たりえる能力があると示すことにより、自分が女や子どもではないと証明するべきだと思われていた。女性は、中世の様ざまな男性性にとって中心的な存在ではなかった。だが、その主たる理由は、当時、彼女らの従属性が当然のものと見なされていたからであった。女性が男らしさの誇示のなかで重要となるのは、主として男たちが何らかのかたちでほかの男たちに優越することを証明するのに彼女たちが役立つときに限ってのことであった。

主に一六世紀半ばから一七世紀半ばにかけての近世イングランドの男らしさに関するアレグザンドラ・シェパードの洗練された分析は、規範的な家父長主義的な男らしさが教訓本や医学文献でどのように定義されていたか、また男たちがどのように男らしさの社会的実践に関与していたのか、というふたつの問題を検討している。その当時、男らしさは頻繁に「身分《エステート》」として言及された。それはすなわち、男らしさが特権と結びついた地位《ステータス》であったということを意味している。男らしさはジェンダーという差異にもとづいている。だが、男らしさという身分は、既婚の家長であると想定された大人の男性であることを要件とするライフサイクルの一局面と密接に関係していた。したがって、年齢、婚姻状態、そして徐々に社会的地位というものが、家父長的な男らしさとそれに付随する特権を獲得するための方法となった。男らしさを手に入れた男たちは、被扶養者やより低位の者たちの行動だけでなく、自己の情念をも律することのできる態度や人格を備えていると考えられたのである。男らしさはまた、誠実さや倹約精神、強さと権威、節度、理性、機知といった資質を有するものでもあった。こうした資質は、異なる時と状況で喚起されるものであり、また多様で異なる解釈を施されるものであった。ここで重要なのは、シェパードが次のように指摘している点にある。家父長的な男らしさが女性との関係で定義されうる一方で、すべての男性がそれを達成できたわけではなく、「男らしさは、しばしば男性同士のあいだでもっとも強く共鳴しあった(13)」のである。

男たち全員が、完全なかたちで経済的独立を達成できたわけではない。特に若くまた貧困であった者たちは、みずからの男らしさを主張するための代替的な手段を発見していった。たとえば、若い男たちは「放埒の儀礼を通じて、倹約、秩序、自己抑制に根差した家父長的な男らしさの観念を転覆していった(14)」。彼らはみずからの男らしさを、「主として同輩たちのあいだで、そしてしばしば年長者への対抗手段として」確立していったのである(15)。彼らは「夜間の徘徊」や過剰な飲酒、暴力や破壊行為、そして法に背いた性行為の追求といった行動様式をとることがあった。それによって、彼らは「放縦、落ち着きのなさ、暴力、虚勢、そして放蕩に根差した、男らしさの対抗的コード」を讃えたのである(16)。そのような行為はケンブリッジ大学の学生たちに見られたが、たびたび非難された。だが地元の当局は、多くの場合、彼らの若さあふれる男らしさの顕示的行為を黙認して、彼らの過ちを見逃すことになった。また労働者の男たちが、たとえば、酒場《エールハウス》や居酒屋《タヴァン》のような場所で、異なる形態の男らしさを演じることもありえた。そうした場では、ほかの男たちとの仲間意識や、言うまでもなく膨大な量のアルコールを飲むことが、中心的な要素となったのである。

シェパードは、男らしさにとっての暴力の重要性にかなりの関心をおいている。彼女によれば、暴力の行使が、家父長的な男らしさの矛盾を生み出すことになったのだという。暴力は家父長的規範を強制するために用いられたが、他方で暴力は権威ある地位から排除された男たちによっても流用されることになった。暴力は、男たちが部下を規律化し、権威に異議を申し立て、みずからの評判を守るための主要な手段となった。シェパードの研究は、しばしば男らしさが別の男たちの集団との関係で、あるいは集団のなかで定義されたものであった点を明らかにしただけでなく、それに代わりうる男らしさの諸形態がヘゲモニー的な男性性に異議を申し立て、不安定な編成にしていくという事例を提示してくれている。

〔近　世〕

第3章では、キャスリン・ブラウンの研究から、初期のイギリス植民地ヴァージニアでは、人種とジェンダーの複雑な相互依存の関係が白人と奴隷の女性に影響を与えていたことを紹介した。ブラウンはまた、ヴァージニア植民地で覇権的地位にある家父長的な男らしさが不安定なものであった点も強調している。[17] シェパードとブラウンがともに主張するように、イングランドの家父長的な男らしさとそれにもとづく政治的権威は、独立した世帯主の地位の維持を基盤としていた。しかしヴァージニア植民地では、イングランド人女性の数が不足しており、また入植者としてヴァージニアにやってきた男たちの多くは、他人に雇われて長期間にわたり奉公する状態に耐えねばならなかった。辺境《フロンティア》地域での既婚の財産所有者は、先住民の土地を占拠していたために、常に先住民に対して自衛することを余儀なくされていた。彼らはまた、植民地の富裕な指導層、とりわけ植民地総督であるウィリアム・バークレーに対して憤激していた。なぜなら、バークレーは、その政治的縁故主義と、先住民の侵攻に対する戦いで辺境《フロンティア》の財産所有者に支援を提供できていないとして指弾されていたからである。そして、植民地でも最も古い地域のエリートの男たちは、「遠慮なく発言する女たち、非国教徒、手に負えない奉公人や奴隷」たちの異議申し立てを受けており、その家庭内および政治的領域での権威を脅かされていた。[18]

こうした不安の諸要素が、やがて一六七六年の大規模な反乱にいたる指導層の危機の発火点となっていく。ブラウンは、ベーコンの反乱を「ふたつの異なる男性性の文化」のあいだの闘争として理解している。[19] 一方の側では、エリートの農園主《プランター》たちが、彼らの男らしさと階級的地位にとって不可欠な男の名誉という観点でみずからの政治的地位を表現していた。他方の側にいたのは、小規模農園主たち、すなわち、権力をもたない白人男性の家長たちであり、彼らは、みずからの生命と財産を先住民から防衛するために銃を通じて独自の男らしさを確立しようと試みたのである。彼らはまた、先住民に対抗するために植民地の指導層が支援を提供することを要求し、権威ある地位に就いているエリートから受けた不当な扱いに抵抗する権利を主張した。彼らの指導者こそナザニエル・ベーコンであり、彼の名はこの反乱と結びつけられるようになった。そして、奉公人や奴隷たちも反乱に参加し、植民地に移植された家父長的な秩序をさらに不安定化させることになったのである。

この反乱がベーコンの死とともに終結すると、国王が派遣した調査委員会が到着し、紛争の調査を開始した。反乱後の数年間、最終的な政治的決着として、いくつかの法律が通過するにいたった。それらは新しい階級縦断的な白人のイギリス系ヴァージニア人の男性性を創出する効果をもち、その新しい男性性は女性だけでなくアフリカ人および先住民の男性性とも対比させるかたちで定義されていた。このイギリス系ヴァージニア人の男性性は、家父長的な社会関係を再生させ、普通の男たちの家庭での権威を高め、そしてエリート男性にとっての「確固としたイギリス系ヴァージニア人アイデンティティ」の誕生に資することになった。(20)

ブラウンは著作の終章で、一八世紀前半ヴァージニアのエリート層である農園主が一七世紀に比べて安定性を確保したと指摘している。しかし、エリートの農園主たちがなお、みずからの地位《ステータス》の正当性と安定性に不安を抱き続けたことは重要であるとも論じている。植民地ジェントルマンたちにとって、支配とは「繊細さを要するプロジェクト」であった。特に彼らの家庭での権威は、不断に異議申し立てを受けていた。奴隷たちは逃亡し、子どもたちは反抗し、妻は夫の意志に逆らう。このように、家庭の静穏という理想にもとづいたヴァージニアの秩序と品位ある社会なるものは、決して安泰ではなかったのである。それはとりわけ、その社会が奴隷制の暴力のうえに築かれたものであったことにも起因している。シェパードの分析からわかるように、暴力とそれに対する反応が家父長的権威を掘り崩していく可能性を有していただけでなく、ブラウンが述べるように、農園主たちに「彼らの権威の多くが苦痛を与える能力に依拠していた」[21]という事実を突きつける潜在的な可能性をもはらんでいた。

アン・ロンバードの研究は、一七世紀末から一八世紀にかけての植民地期ニューイングランドでは「男へと成長する」ことが何を意味していたのかについて検討している。商店主や職人のようなピューリタンの「中産層」が、一七世紀半ばにマサチューセッツ湾の植民地へと移住していった。同時代の宗主国イングランドでの彼らと同類の中産層と同じように、彼らにとっても男らしさとは経済的な独立を意味していた。財産を所有することか、独立自営すること、あるいはその両方が、植民地では「中産的」といわれた「独立」のための前提条件であった。ロンバートによれば、男らしい資質とは獲得されねばならぬものであった。そして男らしさの主張は、男性が「合理性、自己統制、そして男の自我の内にある、あらゆる熱情的で官能的で自然なものを抑制する能力」[22]を習得したことを表現できるか否かにかかっていた。男らしさはひとつには女性性との対比で定義されたが、男らしさが少年であることや扶養されている状態との比較からも定義されていた点は重要であろう。独立した世帯主であり家族に責任を負う者は、より男らしいと見なされやすかったのである。

ピューリタニズムは、マサチューセッツ植民地の住民にとって決定的に重要であった。ピューリタニズムは父親たちこそが統治を担うべきであるとする階層的な社会を唱道したが、それは「情熱的で無軌道で性的欲望の強い、女性、若者、子ども、奉公人、そして奴隷にされたアフリカ人たちという多数派」[23]を統制しつつ、理性的に世帯と政治体制を統治する能力が父親たちにはあると信じられていたからであった。ピューリタンたちは、少年が母親に依存して幼稚な感情に耽溺しないように注意を払い、したがって、父親が息子の育成に積極的な役割を果たし、最終的に独立した男性としての地位を得られるよう息子を訓練すべきであると信じていた。若者同士の付き合いやロマンティックな恋愛は懐疑的に見られ、若者が男になるための資質は「自己統制、合理性、情念の抑制」によってのみ育まれる、というわけである[24]。

近世イングランドやヴァージニア植民地と同じように、男らしさの定義として自己規律や自己統制を強調していたにもかかわらず、やはり物理的な力あるいは暴力が一七世紀および一八世紀のニューイングランド植民地での男らしさと結びついていた。父親たちは力を用いて子どもたちや妻、若者を規律化することができ、また財産への脅威となるほかの男性たちに対しても実力を行使できた。しかし、ロンバードによる裁判記録の分析によれば、暴力のパターンは一八世紀初頭から中葉にかけて変化していったのだという。財産をめぐる暴力的紛争は減少し、代わって「ジェントルマン」と労働者のあいだの紛争が増加していった。紛争は徐々に居酒屋《タヴァン》において起こるようになり、加えて世帯主に対する攻撃を含む若者による秩序破壊的な行動が目立つようになった。男としての名誉を維持するため、あるいはそれを脅かすために暴力に訴える行為は、理性的な自己抑制と家父長的な権威に立脚するピューリタン的な男らしさを不安定化させることになったのである。

〔近代〕

以上のような近世の英米の男らしさについての研究は、男性間の暴力的な対立、とりわけ家長が扶養する者に対して振るう暴力が示すように、家父長的な男らしさには矛盾がつきまとっていたことを明らかにしている。しかし、ロバート・ナイの研究が明らかにしているように、同じ社会的地位の男たちのあいだでの決闘を含む暴力的衝突は、フランスでは紛争解決の手段として長らく受け入れられていた。ナイによれば、決闘は高貴なる戦士という価値によって形成された中世的な名誉をめぐるコードの一部であり、男であることが何を意味するかということが劇的に変化していたにもかかわらず、一九世紀を通じて持続して中産階級の男たちによって受容されたのだという。ナイは、そのような名誉のコードは専門職としての生活やスポーツや政治における男たちの諸関係を規制していたのだと論じている。決闘は、公衆の面前で自己の名誉を守り、男たちのあいだに生じた紛争に決着をつけるための、高度に規則化され秩序立てられた方法であった。決闘に参加することで、男性はその身体的な面での英雄的資質と勇敢さを可視的なかたちで証明することになった。それは、不断に再確認することを求められる男性の名誉にとって必要不可欠なことであった。逆説的なことだが、かつて貴族性と結びつけられていた決闘は「平等化を促進していくことになる。なぜなら、いかなる男も、個人的な恥となり公衆に嘲笑される危険に晒されてまで、正当なる決闘相手と剣を交えるのを拒否することはできなかったからである[25]」。

第二の名誉の源泉となったものは、男性の異性愛に関連している。ナイはとりわけ多種多様な医学的および政治的言説に注目しているが、それは、男性のアイデンティティがその身体の生物学的性差に根差しており、男性の性的な能力とその実践が一般の関心事として継続してきたことを、様ざまなかたちで示しているからである。ナイが述べるように、一九世紀フランス中産階級の男性にとっての「男の名誉とは、男性の骨肉のなかに深く埋め込まれたものであった[26]」。ナイが論じるには、不名誉が性的障害と関連していると見られていたために、男性はその名誉の維持を余儀なくされていった。したがって、何よりも決闘がブルジョワの男らしさの試金石となったのである。しかし、それは「男性がもっともみずからの名誉をはっきりとしたかたちで主張するまさにその瞬間に、みずからの名誉を失うという最大の危険にさらされる」のであった(27)。

ナイによる男性の身体に関する科学的言説の議論からは、一九世紀最後の数十年から第一次世界大戦にかけての時期に男性の性的エネルギーへの不安が高まったことが明らかになる。この不安は、出生率の低下や国家の衰退への恐怖、性的頽廃への憂慮など、普仏戦争後の様ざまな別の要因とも結びついていた。ナイが検討した医学文献は、女性のセクシュアリティが当然のものと見なされた一方で、男性のセクシュアリティは問題をはらむものとされていたことを示している。男性の身体が性的に不健康であることは、とりわけ知的活動の追求によってもたらされたと理解され、フランス国民の活力低下の原因であると考えられた。一九世紀末のフランスは、多くの研究者が「男性性の危機」と呼ぶものを目撃していたのである。

このテーマについては、クリストファー・E・フォースの研究によって深められていった。それは、一九世紀末から二〇世紀初頭のフランスを席巻した政治的スキャンダルであるドレフュス事件を対象としている。ユダヤ系のアルフレッド・ドレフュス大尉は、一八九四年にドイツに軍事上の機密を漏洩したという罪によって起訴されて反逆罪の判決を受けた。ドレフュスは公然と弾劾され、屈辱を受けることになる。彼は無罪を主張して抗議したのだが、一八九九年の再審では軍当局やフランスの諜報機関が別の人物による犯行であったという証拠を隠して、ドレフュスの支持者たちを憤慨させた。激しい論争のなかで、ドレフュスを擁護する者も弾劾する者も、ともに男らしさのイメージを動員していった。フォースによれば、両者の論争の共通の基盤となったのは、フランスの男らしさについての不安が共有されていた点にあった。問題となっていたのは、ふたつの種類の男らしさであった。ひとつは直接行動と冒険を連想させる伝統的なエリート的男らしさであり、もうひとつは知識人や、肉体労働ではなく精神労働によって生計を立てる男たちのそれである。この事件の鍵となる要因は、もちろん反ユダヤ主義にあった。だが、それはまた、ユダヤ人男性が軟弱であり臆病かつ本の虫で女々しいと長らく考えられていたことに起因するものでもあった。その後ドレフュスが無実となる一九〇六年まで続く論争では、彼の有罪を確信していた者たちは、反ユダヤ主義を非難する者であったとしても、ドレフュスの臆病さや名誉の欠如に焦点を当てることになった。ドレフュスの擁護者たちは、自分たちが勇敢に真実を述べているがゆえに断固として男らしいと主張し、ドレフュス弾劾派こそが弱くて自制心を欠き、女々しいのだと反撃したのである。ドレフュスの無実を支持して、彼を投獄し追放した誤審に抗議するユダヤ人の男性たちは、「みずからの愛国主義と武勇を強く主張して、知に偏重し身体的には軟弱だという評判を打ち消そうとした(28)」。彼らはみずからを古代ヘブライの戦士たちと結びつけ、男らしさの軍事的理想を賞賛したのである。そして一八九〇年代には、徐々に肉体的な逞しさを重んじる男性観がフランスで支配的になり、知的な男性の男らしさを主張するドレフュス擁護派たちの運動を弱体化させていった。真の男性性は、「単に身体的な活力を主張するよりも体力を必要とする行為を通じて、その雄々しさを証明する」[29]ものだ、というわけである。フォースの論じるところでは、この身体力や鍛錬と結びついた「体力の文化」こそが、第一次世界大戦に参戦することになる世代の男たちに影響を及ぼしたのだった。したがって、フランスの「男性性の危機」とも論じられうるものは、最終的には攻撃的で肉体的な逞しさを重んじる男らしさのコードが称賛されるべき理想と化すことによって、少なくとも一時的には解決されたのであった。

フォースは、著書の結論部で、ドレフュス事件で表出した「フランスの男らしさの危機」が、同時期に西洋世界の別な場所でも発生していたと指摘している。アンガス・マクラレンが明らかにしたように、ヨーロッパと北米では男らしさをめぐる不安が広範におよんでいた。二〇世紀転換期には男らしさは「攻めたてられて」おり、男性性は「解体と再建の時代を経験していた」のであった。[30] この時期の社会問題の多く──出生率の低下、イギリスにおいて兵役に就くことを拒否された都市労働者階級の若者の身体的虚弱性、工業生産力の衰退、労働争議、少年犯罪など──は、男らしさの減退が原因であるとされた。アメリカ合衆国で医師たちが発見したのは、肉体労働より精神労働をしている専門職や実業家の男性たちを苛んでいる新しい病、すなわち「神経症」であった。医師たちは、あちこちでかつてないほど同性愛を憂慮し、これを恐るべき疾病であり頽廃的な性同一性であると見なした。筋骨逞しく攻撃的で精力的な異性愛の男性像が支配的な男性性の理念となり、多くの国々で科学者、医師、判事、ジャーナリストによって擁護されることになったのである。

ゲイル・ビダーマンによれば、この時期のアメリカ合衆国では、中産階級の男性たちが男らしさに「異常なまでに囚われる」ようになった。ビダーマンは、この原因を彼らが直面していた様ざまな異議申し立てに求めているが、それらは何が男であるのを意味するかという問題についての認識に影響を与えることになった。一九世紀の男らしさ、すなわちマンリネスは、自己統制、道徳的強靭さ、強固な意思を重視してきた。強さとは、自己を抑えること、そして情熱を統制することから生まれるものだと考えられ、経済的に独立し世帯主となることが第一の目標とされた。こうした理念を実現する男性の能力に対する脅威が、経済的な不安定性の高まりや独立自営の機会の減少、社会的上昇の可能性の狭隘化から生じてきたのであった。男たちはまた、別のいくつかの戦線でも脅かされていると感じていた。中産階級女性たちの運動は、政治や専門職の領域における男性の独占に異議を申し立てた。消費主義が勃興して新しい娯楽が追求されるようになると、快楽や愉悦が重視されて自己否定と勤勉のエートスが試練にさらされる。そして労使紛争と移民は、中産階級の男たちが保持してきた地位の感覚を動揺させることになったのである。こうした現象への応答として、彼らは自身の理想的な男らしさの観念を「マンリネス」から「マスキュリニティ」へと変容させていく。ビダーマンは、様ざまな男たちが男性であることの再定義を試みる方法がいくつもあったことを指摘する。それはたとえば、友愛結社への入会であり、逞しい肉体のスポーツを賛美したり、ボーイスカウトのような組織の普及を促進したりということにあった。そのような多種多様な活動を通じて彼らが自分たちの男らしさへの脅威と認識するものに対抗することで、白人中産階級アメリカ人の男らしさの本質に関する理解は、マンリネスに結びつけられたものからマスキュリニティに関連したものへと変化していった。後者は、攻撃性や身体的な力、そして「雄々しき」異性愛といった資質を包むものであったという。

アメリカの男らしさの再定義にとっての中心的な要素であったのは、文明の観念であり、そしてこの観念と人種との関係であった。文明は、白人男性による支配を正当化し説明するような進化の一段階であると理解されていた。文明の言説は流動的であり、権力への様ざまな要求を正当化するために利用しうるものであったが、とりわけ白人の中産階級およびエリートの男性たちが文明の言説を用いてその支配を正当化していった。同時に、彼らは、より「原始的なエートス」とみずからを結びつけ、自分たちの雄々しさを讃えた。セオドア・ローズヴェルトは、このふたつの傾向を具現化した男性の理念型を象徴する人物であった。「マンリネスとマスキュリニティ、文明と原始的なるものを結合することで、ローズヴェルトは、アメリカ国民にとっての男らしさの新しい模範となった……この男らしさの新しい範型を通じて、ローズヴェルトは、自分の個人的な権力を追求するのみならず、アメリカ白人のための集合的で帝国主義的な男らしさをも主張したのである[31]」。

一九世紀末から二〇世紀初頭にかけてのアメリカの男らしさへの「強迫観念」は、はたして「危機」だったのであろうか。ビダーマンは「そうではない」と述べている。むしろ彼女が「ジェンダーのイデオロギー」と呼ぶものは常に競合し、矛盾を突きつけられ、それゆえに不安定なものであったという。同じくマイケル・キンメルも、男性性は「解決されえない——完全に証明することはできず、永遠に懐疑の念を向けられ続ける。男性性は、不断の確認を必要とする。男性性とは、飽くなきかたちで追求されるものなのだ[32]」と主張している。フェミニスト研究者のリン・シーガルは、「男性性は常に危機をはらんできた」と指摘する[33]。おそらくは、男性や（女性との対比で）男性に帰属するとされる資質が権力とあまりに深く結びついてきたために、権力関係を撹乱すると見られるような社会的・経済的・政治的な変化は、男らしさの性質をめぐる広範な懸念を引き起こすのであろう。逆説的なことだが、権力や支配は完全ではないがゆえに、男らしさの意味やイデオロギーを本質的に不安定化する。しかし、この不安定性が表面化して重大な歴史的影響を生み出すのは、特定の歴史的局面においてのみのことだった。

エイミー・グリーンバーグの研究によれば、そのような時代のひとつが合衆国の一九世紀中葉にあったという。経済の変容によって男たちの生活水準と職業上の機会は、それ以前に比べても不安定なものとなった。女性参政権運動は、ジェンダー秩序に対する政治的な異議申し立てであった。「男たちにとって、一八三〇年代から五〇年代にかけての労働、家庭生活、社会関係、そしてシティズンシップをめぐる経験は、劇的に変化していった[34]」。これらの不安定性をもたらす諸変化は、「好戦的な」男らしさの理念と「抑制的な」男らしさの理念のあいだで、支配やヘゲモニーをめぐる闘争を引き起こした。「抑制的な男らしさ」の価値を擁護する者たちは、男らしさを「道徳的に高潔で信頼でき勇敢であること[35]」に根差すものであると見なした。彼らは、暴力的スポーツや過剰な飲酒を嫌悪し、生活の中心に世帯と家族を据え、女性の家庭での慎みを支持した。これとは対照的に、好戦的な男らしさは力や身体的な攻撃性、そして女性やほかの男たちを支配する能力に価値を置いた。これらの異なる男性性は階級的区分を横断しており、そしてそれらを信奉する者はみな、アメリカの「明白なる天命《マニフェスト・デスティニー》」を信じていた。もっとも、それが何を意味するのかについては、彼らの立場はかなり異なるものとなる。「明白なる天命」という用語は、アメリカの西部征服や対外的膨張（メキシコ戦争勝利の結果としての、アメリカによるテキサスからカリフォルニアにいたる南西部の獲得）、そしてより一般的に、それらの産物としてのアメリカの世界的影響力の伸張を意味する言葉として、一八四五年に生みだされたものである。好戦的な男性性を支持するアメリカ人たち（男も女も）は、合衆国が力によってその領土を拡張すべきであると主張した。抑制的な男らしさを好む人びとにとって、アメリカの明白なる天命は、侵略的な領土拡張主義によってではなく、商業や交易を通じて、そして彼らが優れていると思うアメリカの社会的、政治的、宗教的な諸形態を海外に広めることを通じて達成されるべきものであった。グリーンバーグは、書簡、新聞、旅行記、日記などの様ざまな史料を用いて、明白なる天命をめぐる論争がジェンダーの意味をめぐる争いであり、そして好戦的な〔男らしさを信奉する〕男たちがフィリバスター行為――外国（キューバ・ニカラグア・メキシコを含む）を訪れて反乱を誘発したり扇動したりすること〔現在のアメリカでは、この言葉は連邦上院における議事妨害行為を指す〕――を支持し、みずから関与したことを明らかにした。このような冒険は最終的に失敗に終わるが、それに参加した男たちの多くは、国内では経済的に没落した者たちであった。だが、彼らが成しえたことや、彼らが自己正当化のために掲げた大義は、アメリカの好戦的な男らしさが勝利するという未来像を共有する男たちに称賛されたのである。一八五〇年代には、攻撃的な膨張主義と好戦的な男らしさの理念が、世界におけるアメリカの役割をめぐる論争を支配することになった。グリーンバーグが論じるところでは、こうしたジェンダー化された文化が、「北部人と南部人に対して個人的ならびに国家的問題の解決のため暴力に救いを求めることを促し」、そして「地域間の差異を〔南北〕戦争の大義に転じていく一助となった」[36]のだという。

グリーンバーグによれば、一八六五年に終結した南北戦争の後、アメリカでは抑制的な男性性が好ましい男性性の理念となったが、私たちは前述のゲイル・ビダーマンの研究から、世紀転換期には男らしさへの不安が、とりわけ中産階級や上流階級の男たちに大きな影響を与える政治的、社会的、経済的な諸変化によって再びかき立てられたことを知っている。クリスティン・L・ホーガンソンの指摘によれば、特に女性参政権運動のジェンダーをめぐる政治と、当時の「従順さという女らしさの理想像を嘲笑」し「自己主張する新しい女《ニュー・ウーマン》」として知られた女性たちが登場した状況では、こうした男たちが、とりわけ「男らしい資質の弱体化が、自分たちの階級的・人種的・民族的な特権のみならず、女性に対する相対的な地位を維持する能力を損なうことを恐れた[37]」のだった。ホーガンソンは、合衆国の対外政策に関する表向きのレトリックと米西戦争および米比戦争にいたる論争を検討した結果、こうした男らしさをめぐる不安が「軍事的な挑戦への欲望を喚起することで、国民を戦争へと追いやることを助長した[38]」のだと、説得力をもって論じている。当時「国粋主義者《ジンゴ》」と呼ばれた好戦的姿勢を支持する論争の参加者たちは、スペインの支配下にあるキューバがたどった運命を描くためにジェンダー化されたイメージを用い、スペインからの独立を目指すキューバの闘争に介入することが、アメリカの男たちに「合衆国において騎士道精神と道義心を増進する」男としての義務を引き受ける機会をもたらすと訴えた。その後、フィリピンをめぐってスペイン人と再び戦うべきか否かをめぐる論争では、帝国主義者たちは、みずからを「雄々しき青年」、反帝国主義者を「口やかましい老婆」として描写した。論争での彼らの論敵である反帝国主義者たちもまた、みずからを男らしい存在として描出しようと試みたが、彼らは自分たちが「成熟、自己抑制、建国の父祖たちとの類似性を有すること」[39]を強調した。彼らは軍国主義者たちが「男らしい言論の自由を破壊し」、アメリカの男たちを「臆病な市民」にさせてしまうと主張した。[40]つまり、すべての男たちが好戦的な態度を取ったわけではなかった。しかし、論争の参加者は、みな自己の立場の利点を主張するに際して、何らかのかたちの男らしさに依拠したのであった。ホーガンソンは、こうした男らしさについての観念が戦争を引き起こしたと述べているわけではない。むしろ、彼女の研究は、一九世紀末のアメリカで社会的、政治的、経済的要因が収斂することにより男らしさへの不安が惹起され、こうした憂慮の念が戦争と帝国をめぐる当時の論争のなかで刺激され、表明されたという点を立証しているといえる。

男性性と権力関係の相互関連性がもっとも明瞭に見て取れるのは、おそらくインドでのイギリス植民地主義をめぐる政治であったと思われる。イギリス支配下のインドでの「統治の実践」に関するムリナリニ・シンハの重要な分析は、一九世紀末に「男らしいイギリス人」と「女々しいベンガル人」というステレオタイプな形象がどのようにして生成され、植民地統治者と土着のエリートたちが論争するレトリック上の根拠となっていったのかを明らかにしている。[41]シンハは、彼女がイギリスとインドの双方を包摂する「帝国主義的社会構成体」と呼ぶものの枠内で植民地的男性性のイデオロギーが発達したと指摘している。すなわち一九世紀末の宗主国イギリスの国内では、経済的ならびに政治的な不安とともにフェミニズムが目に見える脅威として登場し、男らしさをめぐる懸念が惹起されていた。そしてインドでは、「イギリス人植民地エリートが保持する排他的特権の分け前」をよこせというベンガル人エリート男性たちの要求に配慮した結果として、「男らしいイギリス人」の形象が登場したのである。[42] シンハは、一八八三年から八四年にかけてインド人男性が植民地法廷でイギリス人男性を裁判にかけることを許可する法案が提出されたとき、インドの英国系新聞が、「女々しいバーブ（インド人紳士）」のイメージを展開して、そのような男らしい責務を担うには不適格だと想定されていたことを指摘している。すなわち、インド在住のイギリス人が彼らの帝国主義的利害を再び主張する際に、人種的差異がジェンダーの差異へと置換されたのである。興味深いことに、インド在住のイギリス人女性たちは積極的に法案への反対運動に参加し、インド在住のイギリス人男性たちのなかには女性の政治参加がイギリス系インド社会のジェンダー秩序を攪乱するのではないかと心配する者も存在した。法案に対するインド在住のイギリス人男性による反対運動は、女性と同様に「被入植者の民間人たち」は責任ある公職に就任するには「不適格である」と主張した。それだけでなく、この反対運動は、被入植者が「男らしい体格」と「男らしい人格」を欠いた、生まれながらにして臆病な男たちであり、したがって「「男らしいイギリス人」どころか、インドの別の土着の男らしい諸民族に対

しても支配する資格などもっていない」と主張したのである。(43)

ある男たちが別の男たちよりも「好戦的」であるがゆえに良い兵士となるという考え方は、長らく多様なかたちで存在していたものである。しかし、ヘザー・ストリーツの研究によれば、一八五七年のインド大反乱こそが好戦的人種という観念の構築において決定的な事件であったとされる。大反乱は、「男らしくないヒンドゥーの臆病者たち」によるイギリス人の女性や子どもへの攻撃として表現され、イギリスの支配を防衛する軍隊は対極的な登場人物を連想させることになった。(44) パンジャブ地方出身のシク教徒、スコットランドの高地人《ハイランダー》、そしてネパール出身のグルカ人は、反乱での彼らの行動に照らして「獰猛にして堂々たる、高潔にして勇敢な」存在として構築されることになった。のちに、「ロシアのインド北西部辺境への膨張、ドイツの軍国主義、イギリスでの募兵をめぐる困難、そしてインドおよびアイルランドのナショナリズムによって、全方位的な挑戦を受けている」と感じたイギリス軍の将校たちは、シク教徒や高地人やグルカ人を軍事的に構成された男性性の模範であると考えた。(45) イギリスの帝国主義的な男らしさにとってロシアの膨張とドイツの軍国主義が外部からの脅威だとすれば、インドの公娼制度に抗議するフェミニズム運動やインドとアイルランドでのナショナリズムの台頭は、帝国内部からの異議申し立てとして経験されることになった。ストリーツが論じるには、好戦的人種の男性性という言語は、「人種的かつジェンダー化された言語の力と訴求性を政治目的に利用した支配と統治の戦略」[46]であったのだ。一八七八年から八〇年の第二次アフガン戦争中に司令官フレデリック・ロバーツはイギリスの新聞を利用して、自分の軍事的偉業を宣伝して批判をかわそうとした。彼は陸軍がインド北西部の辺境で極度の難局に直面しており、その局面を打開するには「身体的な勇敢さ、限りない勇猛さ、帝国防衛精神による連帯」を発揮すると評判のスコットランド高地人やシク教徒やグルカ人の参加を必要とすると論じている[47]。ロバーツの報告ならびに彼の部隊の成功に関する新聞の論説は、特定の「人種」の男たちが特別に「男らしい男たち」なのだという考え方をさらに強化することになった。「最初に大反乱で」、そしてアフガン戦争で再び形成された「高地人と南アジアの「好戦的諸人種」」のあいだの連携と彼らの評判がイギリス大衆文化の一部となったのには、ひとつにはロバーツによる報告に由来している[48]。

ストリーツによれば、好戦的人種という言説は「最初にその言説を生み出した不安そのもの」にとりつかれており、「好戦的人種という言説が自信に満ちた綻びなき語りによって不安を緩和しようと試みるやいなや、やがては「好戦的人種」が堕落してしまうのか、あるいは、これらの「人種」が実際のところヨーロッパの敵たちに対して立ち向かえるのかどうかといった懸念が、軍事的な著作物のなかに忍び込んできた[49]」のだという。したがって、「好戦的人種」とされる男たちが体現すると考えられていた男性性でさえ、文明によって去勢されてしまうのではないかという恐怖にさいなまれていた。この恐怖は、一九世紀末から二〇世紀初頭に近づくにつれて、ますます強まっていったように思われる。

イギリスにおける好戦的人種のイデオロギーに関するストリーツの研究と、二〇世紀初頭の合衆国における人種、男性性、文明の相互関係についてのゲイル・ビダーマンの分析はともに、この時期に「原始的なるもの」がもっていた両義的な魅力の存在を示している。ビダーマンによると、アメリカの白人男性はアフリカ系アメリカ人男性に対するみずからの優越性を宣言するに際して、「原始的」な男たちを連想させる資質——肉体的な逞しさ、身体的な強靭さ、攻撃的精神——を自分たちが保持していると主張したという。一九〇八年に黒人ボクサーのジャック・ジョンソンが白人ボクサーのトミー・バーンズに勝利してヘビー級チャンピオンの王座を獲得すると、アメリカ全土の白人は引退した元チャンピオンのジム・ジェフリーズにリングに復帰してタイトルを奪還するよう求めて騒ぎ立てた。ジェフリーズがこれに同意したのは、彼曰く「白人男性は、黒人より優れていることを証明するという目的のためだけ」であった[50]。その試合は一九一〇年にネヴァダ州リノで開催され、「血に飢えた群衆」の見守るなかでジョンソンが勝利し、かくしてビダーマンが述べているように「白人男性至上主義の擁護者たちは、公衆の面前でみずからのしかけた大砲によって木っ端微塵に粉砕されてしまった[51]」のである。全土で暴動が発生し、白人たちはジョンソンの勝利を祝う黒人男性たちに対する怒りを表明しながら暴れまわった。数週間後、合衆国の連邦議会は試合の記録映画の上映を禁止する法案を可決する。最終的には、連邦捜査局はジョンソンの信用を傷つける証拠を見つけ出すように命じられた。捜査局がそれに成功すると、ジョンソンは投獄を避けるためにアメリカを離れることになった。

パトリック・マクデヴィットは、人種、男らしさ、ボクシングが世界的に見ても争点であったことを明らかにしている。(52) ジョンソンが最初に世界チャンピオンの座を獲得した試合はオーストラリアのシドニーでおこなわれたが、彼の対戦相手トミー・バーンズはカナダの白人であった。試合はオーストラリアで相当な関心を惹起して、試合前の報道は少なくとも試合の六か月前から始まり、白人と黒人の男性のいずれがより優れているのかという点に注目が集まっていた。数万人が試合観戦のためにチケットを購入、あるいは購入しようと試みた。その試合の記録映画は試合の二日後に公開されたが、それを見るために約七〇〇〇人が列をなしたという。(53) イギリス本国および英連邦の観衆がジェフリーズとジョンソンの試合を待望したことは、驚くに値しないだろう。

そのジェフリーズとジョンソンの試合の後、イギリスの庶民院は上映禁止をめぐって議論をしたものの法律の成立にはいたらなかったが、人種問題がより深刻であった南アフリカでは政府が試合の映画の上映を阻止した。しかし、ジョンソンがある人気イギリス人ボクサーとの試合をイギリス本国で組もうとした際には、試合禁止のキャンペーンがわき起こった。試合開催への反対は様ざまな理由から生じたが、支持を集めたのは内務省の試合反対論であった。その目的のひとつは秩序の維持にあったが、マクデヴィットが引用した政府公式文書は、それが主として「帝都のボクシングのリングで黒人男性と白人男性が相まみえることを防ぐ[54]」ためのものだったことを指摘している。この一件は、イギリスで一九三〇年代にいたるまで白人と非白人のボクサーによる大がかりな試合を禁止する先例となった。マクデヴィットは、この禁止の背景にある動機が、もし黒人男性が試合に勝利すると「国内外でのイギリスの優越性の神話が崩れてしまう」という懸念だったと指摘している[55]。この背景には、イギリスを国内外で「優越的」たらしめていると想定される「文明」が、イギリス人男性に退廃的な影響を及ぼしてきたという不安が存在していた。しかしながらこの時期には、ボクシングは「苦痛に耐え、他の男たちを威圧する逞しき男性の身体を顕示する」ものとして、「黒人男性と国民の衰退に対する白人男性の恐れ」をエネルギー源としながら、ますます人気を高めていたのである[56]。

〔家　庭〕

本章では、ここまでジェンダー史家たちによる男たちの相互関係という文脈での男らしさの言説やイデオロギーの研究の事例を紹介してきた。しかし、男たちの家庭内や世帯内での家族との生活についてはどうなのだろうか。一八世紀末から一九世紀前半のイングランドにおけるジェンダーと中産階級の形成に関するレオノア・ダヴィドフとキャサリン・ホールの画期的な研究『家族の命運』は、男たちの生活における結婚および父親であることの重要性を明らかにした作品である。福音主義の影響下に家庭性は男女双方にとって道徳的ならびに宗教的生活の基盤となった。家族と世帯は企業経営体の基盤であり、その目的は家族の生存と福祉であった。[57] 男たちは、様ざまな市民的および宗教的活動に専念するために、そして何よりも家庭と庭園に没頭するために、営利活動ないし専門職としての職業生活から可能な限り早く引退することになった。著者たちが検討した様ざまな地方レヴェルでの史料は、男たちが家族に深く関与していたこと、そして彼らが子どもたちの生活に「情愛のこもった関心」を抱いていたことを明らかにしている。[58] これらの史料は、高齢になるまで、おじや父や祖父たちが家屋や庭園の周辺で多くの子どもたちと遊んでいたこと、そして父親たちが子どもたちの病気に真剣な心配りをしていたことなどを明確に論証している。「父親業とは責任であり、かつ喜びであり……道徳的義務の一部であったのだ」[59]。

ジョン・トッシュによるヴィクトリア時代イングランドの中産階級男性の生活の分析は、『家族の命運』の議論にもとづき、礼儀作法の教本、個人的な日記や手紙などの史料に依拠しながら、一八三〇年代から二〇世紀転換期にかけての男性性にとって家庭がもった意味を検討している。トッシュは、家庭性という概念によって、単に居住の型や義務のあり方を意味するのみならず、

「深い愛着、すなわち精神のあり方と身体的な志向性(60)」をも意味させている。男性的な家庭性は、一八三〇年代から六〇年代にかけて称揚されていた。この時期には、家庭と労働が物理的に分離されていくようになり、家庭が労働の世界からの避難所として理想化されていった時代でもあった。「仕事馬や計算機械が、人間のリズムと人間の情愛に身を晒すことによって再び男になることを、家庭性が可能にすると想定されていた(61)」のである。しかしトッシュは、男たちが家庭で過ごす時間と結社への参加や男同士の友情のあいだでバランスを取ろうとするとき、彼らの生活に内在的な矛盾がつきまとったことを明らかにしている。加えて、家庭性は、英雄主義《ヒロイズム》や冒険に立脚した、より伝統的な男性性の概念と完全には両立できないものであった。そして、愛情とともに価値や利害を共有することを重視する友愛結婚の理念が、絶対的に男女が異なるという考え方と相容れないために、家庭性それ自体が様ざまな矛盾にさいなまれていた。この時期の母性の重視は、どのようにして少年が男へと育てられるべきであるかという問題をめぐって緊張をもたらした。そして徐々に、少年たちは家庭での女性化の影響から引き離されて教育を受けるために寄宿学校へと送られるようになった。こうした緊張関係は一八六〇年代から七〇年代にかけて高まり、男性が家庭を重視することが適切であるか否かという問題は、とりわけフェミニズムの台頭が男性のもつ権力を奪うのではないかという脅威をもたらすにつれ、ますます論争の的となっていった。世紀末が近づくと、男性だけが参加する結社は強烈なる魅力を発揮するようになり、また冒険を求める声は大きくなっていった。「家庭化された男性性は、イギリス人たちが帝国に入植して、困難な時期にはこれを防衛するよう求められると、ますます攻撃の対象とされるようになった」のである。[62] 中産階級の男たちは晩婚化し始め、なかには独身を通す男たちも出現した。トッシュによれば、これは「家庭性からの逃避」を意味していた。[63] トッシュが分析の俎上に載せた家族の歴史と結婚に関する公的言説はともに、「男性的な家庭性に常に内在していた矛盾が、世紀末になって露わになった」[64] ことを明らかにしている。

この「家庭性からの逃避」に関するトッシュの見解は、きわめて影響力の強いものであったが、同時に批判も受けてきた。マーティン・フランシスは、彼自身の研究成果とほかの歴史家たちの研究に依拠して、一九世紀と二〇世紀を通じて家庭性に対する男性の反応が複雑なものであったと論じている。「男たちは、たとえ想像の領域内だけのことであったとしても、一方では結婚や父親業のもつ責任に惹かれ、他方では冒険する英雄の活力あふれる生命やホモソーシャルな仲間意識のもつ幻想に魅了されて、家庭性の境界を幾度となく出入りする旅を経験していた」[65]。男たちは、一日のある時には冒険物語に夢中になるかもしれない。だが、別の時には自分の子どもたちと遊んだり庭の世話をしたりして過ごすことになる。人びとが第一次世界大戦のもたらした大規模な破壊と殺戮に戦慄したために再び男性性の家庭化が生じたのだとする主張に対しても、フランシスは批判的である。フランシスによれば、男たちは、家庭および家庭生活と、そこから離れた想像上の冒険のあいだを往来する旅を続けていた。フランシスは、第二次世界大戦期のRAF（英国空軍）パイロットと爆撃機の搭乗員に関する詳細な研究で、RAF隊員の男たちによるエゴ・ドキュメントとフィクションを用いながら、男たちの家庭世界、とりわけ彼らが駐屯していた空軍基地の近くに居住していた家族との世界がもつ意味を明らかにしている。フランシスはまた、RAFの男たちにとっての愛と結婚への期待の重要性を指摘する。彼らは戦後に訪れるはずの「犠牲を払うことに対する報酬が物質的な安定であり、その安定を基盤にしてロマンティックな恋愛と友愛が花開く[66]」未来を夢想していたのである。

「家庭性からの逃避」論へのフランシスによる批判にもとづいて、デイヴィッド・B・マーシャルはカナダの長老派牧師のチャールズ・W・ゴードンの生涯を検討し、一八八〇年代から一九三〇年代にかけて彼を含むカナダ人男性が日常生活では支配的な男性性についての文化的コードにどのように反応していたのかを明らかにしている。興味深いことに、マーシャルは、チャールズ・ゴードンのような男たちが家庭および都市生活の緊張から逃れようと模索していたことを発見する。男たちのなかにはカナダの原野で冒険に参加する者もいたが、ゴードンは家族とともに荒野の別荘に行き、とりわけ息子との時間を過ごすことになった。彼は、この家族との自然への隠遁が、息子が独立した男性として成長することに役立つと考えていた。ゴードンは「帝国主義、運動競技熱、軍国主義」思想、あるいはマーシャルの言葉によれば、「帝国主義的な逞しき《マスキュラー・》キリスト教《クリスチャニティ》」思想を唱道したことで知られていた(67)。彼は夏の家族の別荘という場で、そうした「逞しきキリスト教」なるものを実践し、自分の子どもたちに伝授したのである。したがって、マーシャルの結論は、この原野への隠遁が家庭性からの逃避などではなく、むしろその延長だったのだとしている。

男たちが相矛盾すると思われる複数の男性性をどのように往来しながら人生を送っていたのかという点にフランシスが注目したことは、これまで歴史学者たちが分析で用いてきた史料や理論的アプローチ、あるいは彼らが取り組んできた歴史学的主題に対して、いくつかの問題を提起している。ジェンダー史家たちによる男性性を対象とした研究の多くは、男性性のコードや理念に着目してきたといえよう。本章の初めの部分で、私たちは男らしさについてのイデオロギーが変化することや、特定の社会のある時点でのヘゲモニー的な男性性が常に競合していた点を確認した。そうした問題に焦点を当てた歴史研究は、規範や理念、政治的言説や文化的定義を扱っている。

近年、そのようなアプローチは、男らしさの社会文化的な構築ではなく男性の主観性に関心をはらう歴史学者たちによって異議申し立てを受けている。たとえば、マイケル・ローパーによれば、第一次世界大戦期の前線にいた息子と母のあいだでやりとりされた手紙は、塹壕戦に参加した兵士に感情面でいかなる影響を及ぼしたのか、また、彼らにとっての家族との関係がいかに重要であったかという点に関する史料を提供してくれる。(68) たとえば、ローパーによる連隊の将校から母親に宛てて書かれた手紙の分析は、男たちが「幼い頃の母親を中心とする経験から、学校や軍隊と結びついた男らしさの指針へと移行する」ときの心理的状態に焦点を当てている。(69) ローパーによる批判は、歴史分析に伝記的手法を用いるデイヴィッド・マーシャルのような歴史家たちによって採り上げられるようになってきている。

結論

本章は、どのようにジェンダー史研究者たちが男らしさという主題にアプローチしてきたのかを読者に紹介することを目的として、この主題に対する三つのアプローチを提示してきた。ひとつは、様ざまな時代の男たちがその人生を送るに際して、いかにして男たるべきかということを導く文化的コードに焦点を当てるものである。このアプローチを採用した研究成果によって、中世および近世の男性たちが男らしい男であるため、あるいは男らしさの地位を獲得するためには、ほかの男性に対してみずからの男らしさを証明せねばならないか、あるいは結婚し世帯主となることを通じて男らしさの地位に到達しなければならなかったことを知ることができた。競合する複数の男らしさのコードが存在し、様ざまな異なる種類の男たちが自己を男として主張しえたこと、そしてときには植民地期ヴァージニアでのベーコンの反乱のように公然たる紛争に発展する場合もあったことも明らかになった。私たちはまた、男性間の暴力や子ども、妻、奴隷たちに対する暴力の行使が家父長的な男性性を動揺させたことを確認し、そして男らしさ（および男性）と権力の結びつきそのものが、一部の論者が「男性性の危機」として述べるものの根底にあったのかもしれないと推論してきた。

男性性のコードと男たちによるそのパフォーマンスに焦点を当てた研究は、これらのコードがどのように歴史的に変化するのかを明らかにするものであり、ジェンダー化された社会的アクターとしての男性の歴史を研究している。しかし、先述のムリナリニ・シンハが植民地主義的な男性性の研究に関連して指摘したように、男性性ないし男らしさの歴史へのもうひとつのアプローチは、男性性を男性の身体から切り離されたものとして理解しようとする。(70) そのような男性性のコードへのアプローチは、ある固有の歴史的状況で特定の権力関係を再生産したり篩《ふるい》にかけたりするために、どのように男性性の意味が用いられたのかについて歴史家が検討することを可能にしてくれる。シンハがおこなったイギリス支配下にあるインドでの植民地主義的な男性性の分析は、「男らしいイギリス人」と「女々しいベンガル人」という考え方がどのようにして植民地支配の政治に起源をもち、そして用いられたのかを示すものとなる。彼女のアプローチは、二〇世紀転換期アメリカ合衆国での米西戦争や米比戦争にいたる論争で示された男性性の政治に関するクリスティン・ホーガンソンのアプローチに似ている。ホーガンソンは、この論争への（ほとんどが男性である傾向をもったが）参加者たちは異なる型の男らしさを修辞的に用いたのだと指摘しているのである。というのも、諸要素が重なり合うことで、特定の男性性にまつわる概念が特にアメリカ外交に適合的なものになったからである。

本章は、主として男性性あるいは男らしさの文化的な構築に焦点を当ててきた。しかしまた、簡潔にではあるが男性性という主題への第三のアプローチも提示してきた。それは、歴史的アクターとしての男性の情動の面での生活に関して、また文化的に構築された男性性がどのように経験されたのかという問いを提起している。このアプローチは、男性性を男性の身体に再び戻し、ジェンダー化された主観性の問題に関心を向けるが、このジェンダー化された主観性という主題は本書の最終章で再び取り扱うことになる。しかし、その前に次の章では、歴史家にとってこれまで中心的な関心事であった革命、戦争、国民国家の形成といった過程において、どれほどジェンダーが重要な要因であったのかを明らかにする研究に注目していくことにしたい。

第5章　政治文化のジェンダー史に向けて

およそ過去四半世紀のあいだ、ジェンダー史家たちは、研究者の関心の対象となっている主題や論点のなかにジェンダーが含まれていることを証明してきた。本書の前のほうの章では、こうした文献のいくつかを取り上げてきたつもりである。たとえば、アメリカとカリブ海地域での奴隷制の発展に対して、ジェンダーが中心的な位置を占めてきたのを知ることになった。また植民地事業の推進者とその被害者の関係の中心部に、ジェンダーとセクシュアリティが存在してきたことを示すような事例と遭遇することになった。そこで本章では、一六世紀から一七世紀に起こった、北アメリカ辺境地帯におけるイギリス人植民者と先住民ならびにフランス人との暴力的な紛争のなかで、ジェンダーが果たした役割を検討することから始めてみようと思う。次に、一八世紀の革命の時代にジェンダーの果たした役割について、最後に、そうした政治的変化に関連した論点、すなわち、「国民」の理念、戦争をめぐるジェンダー、政治的市民権の問題を検討することにしたい。

アン・リトルの研究は、イギリス人、フランス人、先住民によって共有されていたジェンダーをめぐる差異についての想定を対象としており、それは一六三六年から一七六三年にいたる時期の北アメリカで繰り返される戦闘をともなった相互の遭遇に影響を与えることになる。彼女は、そうした多様な人びとのあいだにある差異に焦点を当てるのではなく、ジェンダーについての想定、とりわけそれぞれの社会での男性の役割が同型性をもっていたことを論じる。彼女の研究は、「男性を女性と呼ぶのは、近世の大西洋世界で広く理解されていた侮蔑行為であった」ことを示している。女性と呼ばれることが男性の価値や能力に対して称賛あるいは中立的な評価として理解されるところは、アメリカ植民地ではどこにも存在しなかった(1)。その結果として、先住民、イギリス人、フランス人は、ジェンダー化されたレトリックを用いて権力ならびに権威をめぐって争うことになった。そうした紛争では農地や狩猟地が報酬として与えられるが、ジェンダーと家族をめぐる差異が征服過程での言語やイデオロギーにとっての中心的な位置を占めた。先住民、イギリス人、フランス人のあいだには文化的差異が存在し、紛争においてそれぞれの集団がそうした差異を重要なものとして主張することになった。それにもかかわらず、政治的および軍事的支配をめぐって争っていたために、男らしさについては相互に同型性をもった価値観を導入することになり、とりわけそこでは戦争や政治での男性の活躍が重視されることになった。一七世紀初頭のイギリス人の植民者とニューイングランド南部の先住民との遭遇の当初から、イギリス人と先住民の双方が政治や戦争を男性の職分として見なしていた。それどころか、先住民、フランス人、イギリス人の三者とも「同じくジェンダー化された権力の言語」を語っていたのだ。そして、「一七世紀や一八世紀の戦争で問題となっていたのは、主権や生存だけではないことも了解されていた。問題となっていたのは、まさに男らしさだったのである」(2)。一方で、捕虜となったイギリス人女性によって執筆された囚われ人の語りは、ジェンダー化された言葉によって先住民の家族を、「軟弱な男性、尊大な女性、そして不躾な子どもたち」からなるものとして批判したのである(3)。さらにいえば、イギリス人は、ジェンダー化された言語を用いてフランスという敵を非難することになった。つまり、フランス人とカトリック教徒を女らしさや腐敗と結びつけたのであった。要するに、リトルは、一六三六年からイギリスがフランスを破った一七六三年まで、ジェンダー化された言語と儀礼が、北アメリカ辺境地帯での戦争と帝国主義的対立と征服を正当化するために用いられていたことを論じているのだ。

〔革命の時代〕

一八世紀後半には大西洋世界を横断して展開する革命運動を目にすることになる。そこには、北アメリカの植民地人、ヨーロッパのオランダ人、ベルギー人、フランス人、フランス領カリブ海諸島の奴隷などが含まれており、男性と女性に異なる結果をもたらした。複雑な経済的ならびに政治的要因から発生し、大陸とイギリスの啓蒙をめぐる哲学論争によって影響を受けた、そうした決定的な時期の出来事は、女性と男性に輝かしい未来を約束する自由と平等の言語をもたらした。しかし、当時の直接的な政治的影響は、かなり異なるものだったのである。

アメリカとフランスの女性史家は、それぞれの国での政治的争乱で女性が果たした役割を明らかにしてきた。アメリカ独立革命では、多くの女性が家族の一員として従軍して、女中奉公として働いた。しかし、彼女たちの軍事的貢献については認知されてこなかった。女性は請願に署名し、抵抗運動に参加し、消費者や糸紡ぎ工としてイギリス製品の不買運動で中心的な役割を果たした。アビゲイル・アダムズやマーシー・オーティス・ウォーレンなどの高名な女性は、反イギリスならびに反王党派の戯曲を執筆して、独立のための運動を支援することになった。しかし、そのような活動が革命の遂行にとって重要であった一方で、革命から誕生した新たな国家での政治的権利を彼女たちに保証するものではなかった。

第4章でのアン・ロンバードの研究による植民地期ニューイングランドの男性についての議論から学んだように、男らしさは少年であることや扶養されている状態との関連で理解されていた。たとえば、トマス・ペインは、『コモン・センス』という小冊子のなかで、新たなアメリカを「成長した息子が自然に独立すること」を示す時代の到来として描いたのである。[4]「自由の息子たち」は、家父長的な国王ジョージ三世を打倒して国民を創出し、その国土の防衛と国家の統治は新たに独立した男性とその同胞の手に委ねられた。女性は依然として従属的な存在と見なされていたが、彼女たちは新たな国民において特別な位置を占めることになった。彼女たちは「自由の娘たち」として、家庭の調和と、とりわけ共和主義の息子を育てる義務を果たすことで有徳の共和国の母として国民に献身することが求められた。メアリ・ベス・ノートンの評価では、新たな社会では女性の妻や母としての活動が重要と見なされる一方で、女性にとってのアメリカ独立革命の遺産は曖昧なものとなった。[5] 女性たちは、極めて限定された意味で市民となりえたにすぎないからである。それは、政治の領域から排除された市民であった。

ジェンダーの差異についての諸観念と男らしさと女らしさの特質が、イギリス王権への反抗のなかで政治的アクターが用いたイメージをかたちづくった。ルース・ブロックは、革命運動の初期に、イギリスを「母国」とする家族的なメタファーが変容を経験したと主張している。植民地人とイギリス人との衝突が深まるにつれて、「帝国の母は優しい存在から冷酷なものへと急速に変化していった」。そして、国王は心なき父親として描かれることになった(6)。また専制権力のイメージは、過度に男性的で狂暴なものとなった。「自由」のイメージが脆弱な女性として描かれるのは、こうしたコンテクストでのことだった。しかし、抵抗が反乱へと変化すると、アメリカ人の男らしさは青年の男性的な英雄的資質と結びつけられるようになった。「「男らしい」という言葉は、革命的な言説のなかでは公共の美徳とほぼ同一の意味をなす言葉となり」、怠惰と奢侈と臆病を意味する「女々しさ」と対比されたのである(7)。それらは、軍事的な美徳と禁欲的な自己否定を賞賛する共和主義的な伝統に起源をもつ認識であった。それとの対照物が、保護を必要とする、自由という女性的な観念なのであった。もうひとつの同時代の哲学的な思想である自由主義は、すべての人類に対して「自然権」の実現を約束するもので、「普遍的な」人間が白人で男性であるという思想を、根本的であるが不文律の前提としてもっていた。やがて、普遍的で生得の権利という言語は、それ以前は政治的権利から排除されていた人びとによって、包摂を要求するために利用されていった。しかし、新生共和国の樹立時に、合衆国憲法は、選挙権が男性にのみ属するということをわざわざ言明さえしなかった。女性は選挙に参加し公職に就く能力のないことが事実上前提とされていたからだ。メアリ・ライアンが示しているように、「女性は役柄として政治的領域の外部にいるために、純粋で崇高な国民的な徳性を表象することができた。つまり、国民的統一の偶像となる自由の女神やコロンビア女神に具象化されたのである」[8]。

スーザン・ジャスターの研究が示しているように、アメリカ独立革命と新たに独立した共和国の建設をめぐるジェンダー化された政治は、反体制派の宗教運動の領域で反響を生むことになった[9]。宗教は、一七六〇年代から七〇年代にかけて植民地で荒れ狂い、戦争へとつながるイギリス王権に対する抵抗運動からは距離をおいたところにいたように見える。しかし、体制派宗教である会衆派教会に攻勢を仕掛けていた福音主義者たちは、宗教と政治というふたつの運動の比較をおこなっている。それ以前の一七世紀後半や一八世紀の敬虔な女性たちは、定住初期の洗礼派《バプティスト》社会のなかでは活動的だった。ジャスターが説明するように、一七四〇年代に活性化した福音主義の信仰復興運動派は、男性も女性もすべての人間が「霊的な真理」を理解できると信じており、男性とならんで女性も教団の運営に参加していたことが重要だった。さらにいえば、福音主義の信仰と結びつけて考えられる特徴である情緒主義と官能性は、時代の潮流からすれば女性的な特質を帯びたものとされた。しかし、一八世紀後半に洗礼派が国教会からの分離宗派ではなく合法的なプロテスタントの宗派として認知されると、教団は女性的なイメージを取り除き、男性的な体裁をとるようになった。教会の運営は、男性のみからなる常任委員会に権限が委任され、聖職者は革命政治に参画し、会衆の愛国主義を鼓舞し、大陸軍の従軍牧師となった。独立戦争で創出された新生国家のように、福音主義派の教会は男性的な人格を備えることになる。つまり、「福音主義の秩序を、英語圏世界で同時代に発展していた、より伝統的な男女の関係によって再調整することになった」のである。[10] ジャスターの議論とそれを立証する史料は、ここで説明しているよりもはるかに複雑である。しかし、私たちの目的にとってより重要なのは、ジェンダーがどのようにレトリックの生産を具体化し、一八世紀後半の北アメリカの政治的争乱の成り行きを規定していたかにある。それらは政治的領域を超えて、生まれたてのアメリカの共和政全体におよぶ影響を与えたのである。

女性は、福音主義運動がニューイングランド植民地における体制派宗教の周辺にあった初期の時代に積極的で重要な役割を果たした一方で、独立に向けた闘争のなかでは重要ではあるが相対的に見ればささやかな役割を果たしたにすぎなかった。しかし、フランスでは、フェミニスト史家が記録しているように、パリの女性はフランスの革命的ドラマ、とりわけ一七八九年から九三年の時期の主要な登場人物となった。

フランスにおける政治的騒乱は、アメリカ独立革命にもかかわるイギリスとフランスとの長期の戦争による王権の債務から生じた経済危機によって引き起こされた。この財政危機が深まると、不満は一七八九年に絶頂に達した。パリの女性たちはバスチーユ襲撃に参加して、弾薬を押収した。また食糧価格が高騰するとヴェルサイユ宮殿へと行進をおこない、国王夫妻は経済状況の悪化を間近で見るためにパリに戻るべきだと主張した。立憲王政の日々を通じて、女性たちはパレードや抵抗運動に参加、請願を執筆したが、そのなかには女性の参政権と公職への就任の要求が含まれていた。一七九一年憲法のもとでの国民議会の選挙権は、「能動市民」とみなされる一定の財産資格を満たす二五歳以上のすべての男性にまで拡張された。それに対して、すべての女性は「受動市民」として位置づけられ、政治への参加を禁止された。一七九一年に、新憲法へのひとつの応答として、またラファイエットの『人間（男性）と市民の権利の宣言』への対応として、オランプ・ドゥ・グージュは『女性と女性市民の権利の宣言』を執筆し、非嫡出子とその母親の保護、政治制度における女性の役割、女性参政権、女性のための独立した国民議会などを含む要求をおこなった。

王権は解体され、一七九二年にフランス共和国が樹立された。国王ルイ一六世は裁判にかけられ、有罪とされ、一七九三年一月には反逆の罪で処刑された。九か月後、王妃マリー・アントワネットもまた裁判にかけられ、処刑された。多くの女性がそうした逮捕劇や処刑に参加した。一七九三年、急進的な女性革命家たちは、「革命的共和主義女性協会」を設立し、彼女たちが反革命的と見なした人びとを告発することで恐怖政治期の弾圧立法の実施に加担した。女性たちはパリの街頭を闊歩するとき、革命的な衣服を身にまとうことを誇りとして、自分たちを政治的アクターとして可視化していった。しかし、国民公会は、設立後六か月で協会を閉鎖して、すべての女性のクラブや団体を禁止した。もちろん、その後も抵抗運動において積極的に参加する女性は存在したが、女性の権利は、一七九九年のクーデタで権力についたナポレオン体制のもとでさらに制限されたものとなっていった。

女性の活動や要求、とりわけ政治からの排除の歴史は、フランス革命とそのジェンダー化された展開を理解するうえで重要である。しかし、これらは、革命にとってのジェンダーの重要性を語り尽くすものではない。そのためには、革命中に用いられたジェンダーについてのイメージを検討する必要があるだろう。つまり、レトリックと視覚表象のなかに存在したイメージである。

フランスにおいてパンフレットや風刺画などで流通し、革命家たちによって王妃マリー・アントワネットを非難し彼女の処刑を正当化するために用いられた言語と視覚イメージは、性的な不貞と放蕩のイメージに満ちていた。アントワネットは革命以前でさえ、みずからの性的な欲望を満足させるために金銭を使用し、不貞や不道徳な性的行為に関与しているという罪で告発されていた。裁判において彼女には反革命活動および兄であるオーストリア皇帝との陰謀の罪状が課せられたが、最も非難されたのは、息子との近親相姦の罪で告発されたことであった。リン・ハントによる、マリー・アントワネットを非難する敵対的なレトリックとイメージの分析は、革命家にとっての彼女が、「女性の脅威、男性と男らしさの共和主義的な理念を女性化するもの」を象徴していたことを示唆している。(11) 彼女は有徳の国民の対極として描かれたが、革命家にとっては本心を隠すという、より一般的な女性の人格の特徴を体現していた。彼女がうぬぼれが強くずる賢い存在とされる一方で、革命家は何よりも透明性を評価していたからである。したがって彼女は、「国民」の対極に存在する悪い母であり、「男性的な母、あるいは子どもを産める父親」として描かれることになった[12]。ハントが論じるには、姦通、近親相姦、王位継承者の毒殺、思いのままになる人物への王位継承者の変更などのアントワネットに対する告発は、公共圏を侵犯する女性に対する当時の懸念を反映していた。この不安は、とりわけ共和国の樹立後に表明され、女性の活動はジェンダー秩序を脅かすものとして恐れられた。こうした女性の政治参加への恐怖は、女性のクラブを非合法化して、政治的領域は男性の友愛（兄弟愛）によって占められるべきだということを明らかにするよう国民公会を突き動かしたのである。したがって、革命家のスローガンである「自由」や「平等」という言葉は、第三の言葉である「友愛（兄弟愛）」という標語にある文字通りの意味に依拠することになった。

性的な風刺はまた、急進的なジャコバン派の革命家によって、より穏健な革命集団であるジロンド派に参加ないしはジロンド派を支持していた女性に対しても用いられた。ジャコバン派は、ジロンド派の閣僚たちが妻によって支配されていると皮肉った。ジャコバン派は、政治的に活発な女性を、性的に逸脱しており、売春婦のように振る舞い、アンシャン・レジーム期の貴族の女性と同様の存在にすぎないとして批判した。革命家たちは、女性だけをとりあげて、国民を腐敗させている、彼女たちは軽薄であり、偽善者となる傾向があるとして非難した。オランプ・ドゥ・グージュのような、女性の権利を代表して主張した女性でさえ、アンシャン・レジーム下の女性について、次のように述べている。

女性というのは有害無益な存在であった。束縛された状態と偽善は、彼女たちの運命であった。フランス政府は、何世紀にもわたって、外交官、司令官、閣僚、大臣、司祭、枢機卿などのポストをめぐって、女たちの夜の行政手腕に依拠してきた。結局のところ、男性の愚かさを特徴づけるのは、聖俗に関わりなく、この女性の強欲や野心に従属してきた点にあった。かつて女性は軽蔑されるべき存在でありながら現実には敬われていたが、革命以降は尊敬に値する存在となったが現実には馬鹿にされるようになったのである。(13)

ドゥ・グージュは、次のように論じている。要するに、革命以前、女性は政治から排除され、男性に比べて力をもたなかったので、彼女たちは表面的には敬われていたが、放蕩なふるまいと偽善に関与することになった。一方で、革命以来、女性たちは、尊敬に値する存在となったが、馬鹿にされるようになった、と。彼女は、逆説的ながら、政治的な問題で女性を平等な存在として包摂することには賛成しながら、革命家が政治的に能動的な女性に対して用いる否定的なイメージを利用していたのである。

イギリスのメアリ・ウルストンクラフトはフランスで発生した事件を考察して、一七九二年に女性にとって革命がもつ意味を詳細に分析した『女性の権利の擁護』を出版した。その標題が示すように、女性は公共善に貢献できるが、教育と政治活動に設けられていた制限によってその潜在能力を発揮するのを阻害されてきたと論じられている。彼女は、女性は政治的権利を認められ、有徳の母となる条件を与えられるべきであると主張した。しかし、ドゥ・グージュのように、女性に悪名を着せたとして貴族の女性とその逸脱ぶりを非難することになったのである。

否定的な女性のステレオタイプが革命フランスにおいて広まっていたとすれば、なぜ新生フランス共和国についての女性の視覚表象が大量に存在するのであろうか。様式化された女性の形象は、自由、理性、知性、勝利、そして力さえも表象している[14]。合衆国におけるコロンビア女神などのように、自由などの徳目は女性的なものとして表象されていた。なぜなら、女性は政治的アクターとして想像されていなかったからである。いいかえれば、現実から遊離しているために、女性は新しい共和国の徳を具現化するものとして選択されたのであった。かつて女性は、フランスを統治することが許されなかった。それゆえに、女性のイメージは家父長的な君主制を意味するものとして誤って受け止められることもなく、したがって、寓意的な女性の形象が表象している統治の形態が何であるかについて混乱をきたすことがなかったのである。

女性が公共の場で表象されるようになった時、それは母親の役割として登場した。ハントは、妊娠した女性の行進やジャコバン派による「家族の美徳」の重視について描写している。[15] しかし、生身の女性が共和主義祭典で徳目を体現したときは批判が続いたし、祭典のなかで特に若い女性の俳優を利用して自由や理性の役割を演じさせるのは不適切であると非難されたのだった。

それでは、女性は革命によって根本的に不利益を被っていたのだろうか。歴史家は、この問題を議論し続けているが、革命が女性も国政の舞台で主役になれるという思想を拒絶したことは明らかである。しかし、スザンヌ・デサンによる研究が論じているように、革命は、女性と子どもに恩恵をもたらすような家族法の改革を制度化することによって、アンシャン・レジームの家父長制に異議を申し立てた。最も重要な改革は、離婚を可能にし、子ども同士の平等な遺産相続を義務とした法律であった。一七九二年にこの法律が可決した後の離婚件数については一様でない。それは、都市や町で最も高くなる傾向があり、小規模な村落では低くなる傾向があった。一般的に、離婚を主導したのは女性であって、何よりも遺棄や暴力によって破綻していた結婚生活を終わらせることになった。デサンが主張するのは、革命のレトリックにおいては、「夫婦間の愛情と家族の一体感からなる自然の紐帯が、社会的凝集力や政治的転換の想像上の起点として、より大きな重要性を与えられていた」ことにある。[16] 彼女が事例研究としてノルマンディ地方を対象としながら論証するのは、家族に関する革命家のレトリックを利用し、かつ新たな法律を用いて、女性と非嫡出子がよりいっそうの独立と財産の処分権を主張したことである。しかし、そうした改革は、短命に終わった。家族生活の自由化への応答として、反動的な一七九五年の国民公会は、平等な相続と離婚を定めた法律を廃止して、一八〇四年のナポレオン法典で明文化される、ジェンダーに関してより制限的な立法へと道を拓くことになった。こうして、女性はフランスの革命期に政治参加に関しては男性と同じ権利を与えられなかったが、権利をめぐる論争は、一時的ではあるが女性にも社会的立場に異議申し立てする領域を与えることになった。さらにいえば、オランダ共和国、ベルギー、イタリアやドイツの諸地域など、ヨーロッパの津々浦々において、女性の政治的権利の問題が議論された。長期的に見れば、政治的権利をめぐる普遍的言語が、女性の権利のための議論を可能としたのであった。

しかし、当時においては、アメリカ独立革命とフランス革命、またオランダ共和国でのように、米仏の革命に起源をもちヨーロッパ大陸を吹き荒れた政治的騒乱は、政治的領域を男性化していくことに帰結した。女性は君主制の弊害を象徴するものとして貶められるか、潜在的な共和国の母として想像される一方で、男らしさの観念は政治的市民権を再構成するうえで必要不可欠となった。

これまでの議論で検討したように、女らしさと男らしさの意味とその政治との関係は、革命の時代に形成され、かつ再形成された。ジェンダーと人種の社会的差別は、「生まれながら」の差異あるいは生物学的な差異で正当化されることによって支持されて先鋭化し、一八世紀末から一九世初頭にかけての近代西洋社会の創出にとって不可欠なものとなった。しかし、同じ革命が、ジェンダー、人種、政治的権利をめぐる論争を喚起し、それは二〇世紀を通じて継続することになる。

〔「国民」の理念〕

長期にわたる革命の時代の影響は、ほかにも見られる。重要なのは、一八世紀後半の政治的争乱が、近代的な概念である「国民《ネーション》」およびこの概念と密接に関連するナショナリズムを創出したことであった。ほとんどの研究者が同意するのは、「国民」が発明されたカテゴリーであるということで、革命の時代以来、それは統一された主権をもった「人民」を意味するようになった。ベネディクト・アンダーソンの言葉を用いれば、国民は「想像の共同体」だったのである。言語であれ、「歴史」であれ、想定される民族的起源であれ、共同体の成員が共有するものによって独自性をもち、結合したものとして想像されたのだった。[17] 国民的「共同体」の理念が想像されるのは、その成員が相互に顔見知りではないものの、彼らが相互に共通のアイデンティティの感覚を保持しているからだ。ナショナリズムは、強力なイデオロギーであり、主権国家であることを主張する。「政治的ならびに国民的な単位は、一致しなければならない」のである。[18]

アメリカ独立革命は、フランス革命のように、君主制を打倒して、共和国を樹立するために遂行された。しかし、それは独立のための戦争でもあった。つまり、イギリス領一三州植民地を分離した主権国家として確立するための戦争だった。すでに見たように、ジェンダーはふたつの革命運動にとって不可欠のものであって、ジェンダーをめぐるイメージはそこに起源をもつ新たな国民の確立にとって必要なものとなった。さらにいえば、フェミニストの研究者は、ナショナリズムがヨーロッパを超えて拡大し、帝国主義を通じて世界各地へ伝播する際の、ナショナリズム運動にとってジェンダーのもつ意義を明らかにしてきた。

フランス革命の事例でも検討したように、創出された国民は、「認可されたジェンダーをめぐる差異の制度化」を通じて構築された。[19] 男性と女性は、権利における差異と不平等を帯びた、生まれつき異なる種類の市民として想像されたのであった。アメリカ独立革命とフランス革命の双方とも、王権を打倒し、自由の息子たちからなる「友愛」で取って代えることにより、それ以前の家父長的な政治秩序を解体した。そうした諸革命は社会秩序を転覆したが、秩序ある社会を再建することが新政府の責務となった。これを遂行する手段のひとつが、ジェンダーをめぐる差異を再び主張することによって、特定の形態の家族生活を理想化することにあった。そこでは、共和国の母親が中心的な役割を与えられる。

ジェンダー化された家族の表象は、国民という想像の共同体を構築するうえで中心的な役割を演じてきたように思われる。国民国家の存する領域に言及する言葉が、このことを示している。つまり、「母国」、「母なる国」、「父なる国」として知られる国家は、ドイツでは家庭や母国を意味するハイマート（故国）となる。親族関係の言語は、国民を構成する市民を娘や息子として描写する。父親、母親、叔父は、すべて国民の物語やイメージに登場してくる。家族的な言語は、それが「自然な」有機的共同体であるという信念を国民に付与する。その構成員の紐帯は、家族のように本能にもとづくものであり、血統や神秘的な祖先の歴史を基盤にすると考えられる。家族のイメージは、国民に一体感を付与するが、ジェンダー、人種、階級の階層性を前提としている。家族のイメージは、国民とその内部の階層的な差異を「自然なもの」として正当化するが、ちょうどそれはジェンダーや年齢の面で階層性をもった家族が「自然な形態」として考えられているのと同じである。たとえば、ヴェネズエラでは、家父長的な家族は、国民的な統一のためのメタファーとして考えられている。そこでの女性は、家族のなかで出産を担うものとして、また「国民の母」としての役割によって、家族と国家というふたつの領域で従属的存在と見なされていた。[20] しかし、ムリナリニ・シンハが強調するように、国民の歴史に付随する家族形態は独特のものであり、異性愛的な、ブルジョワ核家族であり、一夫一婦制や特定の形態の性的規範を特権化していたのである。[21]

多くの研究者が指摘しているように、国民主義者《ナショナリスト》の言説のなかでの家族のメタファーと女性のイメージは、国民という観念への愛着を喚起してきた。ジョーン・ランデスが論じているように、革命期のフランスでは、「家族は親密性や感傷性という価値を連想させるようになった」[22]。さらにいえば、私的な道徳性は、健全な国家や社会の必要条件として見なされるようになった。国民を女性として表象することは、女性の保護を義務とされた男性市民の側に愛情や所有に対する熱狂を喚起するようになった。一七九五年に通過した憲法の序文では、男性にとっての善き市民性が、家族生活と名誉あるふるまいに結びつけられている。「良き息子、父、兄、友人、配偶者でなければ、良き市民にはなれない」[23]。一九世紀末のイランでは、愛についてのイメージを用いるナショナリストの著述家が、イスラム教の信仰や教義と結びついた感情をヴァタン（故国）に対する献身に変容させた。かつて古典的な男性のホモエロティック（同性間の性行為そのものではない性的な愛着の意）な詩と結びついていた言語を用いて、ヴァタンを「愛されるもの」として女性的な愛情の対象へと変容させていったのだ。ヴァタンはまた、とりわけイランの名誉と一体性を擁護する物語文学のなかで母として形象化されていた。アフサーネ・ナジュマバーディーが論じるように、「母としての比喩は、親に対する子どもの義務を母なるヴァタンに対する（男性の）市民の義務へと再び接合していったのである」[24]。愛国主義的な言説のなかでのイランへの献身は、女性の恋人や母親としての形象へと結びつけられていった。そうしたイメージやそれが喚起する感情は、イランを近代国民国家として創造する道具となったのだった。

家族生活に対する関心は、「一九世紀初頭にエジプトが近代国民国家を受容してから」二〇世紀初頭にかけて、「エジプト人によって国民や忠誠心や市民権といった抽象的な概念が想像され、表明され、議論される際の基本的な枠組み」を提供することになった。[25] イギリス人はエジプトにおいて、アフリカやインドでおこなったように、国民の家族生活がエジプト人の政治的後進性を示すものであると主張して、一八八二年に始まる占領を正当化した。しかし、それ以前からエリート層の内部では家族生活と結婚の形態に変化が生じており、オスマン帝国内の半ば自立的な属州になる以前にエジプトを支配していたオスマン・トルコ人に対して、ブルジョワのエジプト人がみずからを差異化する手段となった。一九世紀初頭以来、エリートの子どもたちは、教育改革の結果として西洋流の制度やイデオロギーに触れることになるが、そこには結婚や母性に関連するものも含まれていた。イギリスの占領に先行する二〇年間で、ブルジョワの家族生活にかなりの変化が生じていた。[26] たとえば、イギリスの植民地主義的言説のなかでの家族のイメージは、近代性に関するヨーロッパの思想に影響を受けていたにもかかわらず、「母国育ち」である政治的国民にとって家族生活を重要とする理想像と融合した。一九世紀初頭までに、家庭領域の重要性に関する議論は、「ジェンダー化された女性的な「母なるエジプト」」のなかに反映されていた。この新たなエジプトの描き方が提供してくれるのは、母国のイメージであった。それは、「共通の遺産、共通の系譜、イギリス人を追放する闘争における共通の紐帯」を提供することで、様ざまな階級と言語集団からなるエジプト人にとって故郷となる場であった。[27] ナショナリストは、エジプト的なブルジョワ家族の理念を用いて、イギリスから独立する用意があることを示唆し、一九一九年のデモが革命へと繋がると、家庭的なイメージが増殖していった。ナショナリストはまた、国民的な誇りを強化するひとつの方法として家族の名誉の観念を用いて、それが占領によって脅かされていることを示した。たとえば、一九一九年にイギリス人兵士がある村の女性を強姦したとき、この事件は、まず最初に「『われわれの女性』に対する強姦」として知られるようになった。それは、「国民の強姦、すなわち集団によって共有される侮辱だった」のである。[28] しかし、この革命の家族政治は、男性と女性に異なった結末をもたらすことになる。女性は独立運動において活発だったが、公共の問題の意思決定から排除されることになり、「エジプトの母たち」としての象徴的な役割へと追いやられていったからだった。

家族改革と女性の地位は二〇世紀トルコの近代性と国民国家形成の試金石であり、また中国では革命と国民形成にとって不可欠の要素であった。トルコの場合には、ヨーロッパ化は、ムスタファ・ケマルの近代化政策の重要な部分を構成した。ケマルは、第一次世界大戦でオスマン帝国が敗北したあとトルコを占領していたヨーロッパ軍を駆逐し、スルタン制度を廃止、一九二三年にトルコ共和国を樹立することになった。ケマルは、みずからを「トルコの父」を意味するアタチュルクと呼び、やがて大統領となった。家族制度の改革と宗教からの女性の解放は、新たなトルコ国民を構想するうえで不可欠であった。女性に対する世俗教育を支援したのは、彼女たちの教育がトルコの子どもたちにとって最も利益にかなうと信じていたからである。女性にとっての母性の重要性を強調する一方で、ケマルは家族生活における男性の支配を非難した。新政府は勘当による離婚と一夫多妻を無効とし、女性に離婚と遺産相続の面で平等の権利を認めた。ある意味において、改革された家庭内の領域と女性の地位の向上は、「トルコの父」たるアタチュルクによってもたらされた近代的国家を象徴するようになった。(29)

家族、「女性の解放」、ナショナリズムは、二〇世紀中国の革命政治では、劇的なかたちで結びついていた。一九世紀後半ならびに二〇世紀初頭には、西洋と日本の帝国主義の脅威に対抗する改革派が、伝統的な中国の制度を改革して中国を近代世界に移行させるよう要求した。彼らは、中国に弊害をもたらしている原因の分析において、様ざまな西洋の思想的潮流に影響を受けることになる。教養ある都市の青年が中国の伝統的な文化に対する攻撃を始めたのは、とりわけ一九一五年に始まり(五・四運動としても知られる)八年にわたって続く新文化運動の期間であった。一九一五年の中国政府による日本に対する経済権益の譲渡、および一九一九年のヴェルサイユ条約によるドイツ支配下領土の日本への割譲によって若き急進派に拍車がかかった。先駆者たちと同じように、彼らは西洋を社会的ならびに政治的組織化のモデルとした。伝統的で、同族的で、家父長的な家族（息子の嫁と子どもたちが親と同居しながら、見合い結婚によって形成されるものだった）や女性の地位は、中国の国民的利益にとって有害であると思われていた。急進派は伝統的な家族を西洋スタイルの家族モデルでとって代えようとしたのであり、そこには、結婚のパートナーの自由な選択、恋愛結婚、親族からの独立が含まれており、新しい家族が国民の再生に寄与するであろうと信じていた。歴史家スーザン・グロッサーによれば、単婚小家族の目的は、「独立、生殖力、公民にふさわしい態度を浸透させることにあり、それは、帝国主義勢力に包囲された国家にとって必要なものだった」(30)。彼女が示唆するのは、新文化運動に参加した若者たちは、国力は家族を基盤にするという、昔ながらの中国の通念に依拠して、またそれを洗練させながら家族生活を見直す処方箋を描いたということである。家族と女性の役割は、国家を再建するために再検討されることになった。言いかえれば、新文化運動の若者たちは、個々人の私生活を西洋化するような新たな形態の家族を思い描いたのだが、それは国家の利益の名のもとにおこなわれたのであって、それ自体が目的ではなかった。グロッサーが論証するのは、この定式化が、一九三〇年代の国民党政府の家族政策、その後は一九五〇年代の人民共和国の家族政策に影響を与えることになり、そこでは国家の利益のために単婚小家族に対する統制が拡大されていったことである。

中国では、アタチュルクのトルコのように、女性の伝統的な役割が近代的国民に適合的ではないと考えられていた。一九世紀後半から改革派が主張したのは、中国の伝統文化が纏足《てんそく》の慣習によって女性の身体に害をもたらしているだけではなく、教育や家庭の外界との接触の機会を奪うことによって精神も害していることにあった。清朝政府（一六四四―一九一二年）を打倒した一九一一年の辛亥革命と中華民国政府の樹立の結果、小規模ではあるが有力な女性参政権運動が生じたが、短命に終わる。しかし、新文化運動とともに、「女性の解放が「封建的」中国と「近代」国民国家としての中国を隔てる重要な分水嶺であることを象徴するようになった」[31]。そうした思想は、一九一九年の五・四運動に端を発して、一九二〇年に孫文によって設立された国民党、ならびに一九二一年に創建された中国共産党に参加した知識人に影響を与えた。共産党員の男性は、その時代に盛んになったフェミニストの言説を方向づけて、フェミニズムをマルクス主義に結びつけ、また双方を国家の変革に結びつけたのである。そうした理念が、女性が共産党に加入して女性の解放と家族改革の理念を積極的に支持することを促進したのは間違いない。しかし、共産党内部のジェンダー秩序は、依然として男性優位なものだった。共産党員の女性と男性は、女性の国家に対する責務が母親や妻として振る舞うことにあると信じていたからだった。

この章のこれまでのところでは、ジェンダーと革命、そして国民の観念の関係性についての考察をおこなってきた。ジェンダーが一八世紀の革命政治にとって重要である理由のひとつとして、「「民主主義革命の時代」」には主要な政治的変革に戦争が先行し、戦争が原因となり、そして戦争に帰結したからだ」という点を念頭におくことが大切になる。[32] 戦闘員が男性のみからなるということが想定されなくなったのは北アメリカやヨーロッパではごく最近のことであり、これまでのところ戦争は色濃くジェンダー化されてきたのは不思議ではない。

古典的な共和主義がアメリカの革命家にとって中心的な要素となったのは、蜂起して独立した共和国を樹立しようとしたからだった。古典的共和主義にとって根本的なものとなる市民権の概念は、男性的な独立が徳を保証するという民兵制の理想を軸にして発展してきた。この時期には、自発的な民兵からなるべきか、あるいは常備軍からなるべきか、という軍事組織の性格をめぐる重要な論争が存在した一方で、有徳の民兵という男性的な政治理念がアメリカ独立革命とその結末として生じた共和国にとって重要なものとなった。

同じようにフランスでは、男性的な公共の徳が民兵制と結びついていた。ここでもまた、軍事組織の編成をめぐる論争が発生した。しかし、「女らしさと差別化されながら、男性の市民権と兵役との融合によって、男らしさがますます男性化されていった」[33]。すべての男性が何らかのかたちで兵役に就くことを想定する、一七九三年八月の革命政府による「国民総動員令」の発布は、新しい兄弟愛による政治的ならびに社会的秩序にとっての中心としての民兵像を促進した。

しかし、フランスではナポレオン期になって初めて、好戦的なナポレオン体制のもつ世界規模の帝国への野心と結びついたかたちで、フランス人にとっての軍人としての男らしさの精緻化が進んだ。革命家たちはフランスの貴族を連想させる男性の英雄観念をおとしめたが、一七九九年にナポレオンがフランス政府の支配権を握ると、ナポレオン体制は力強く、攻撃的で、かつ申し分のない異性愛的な男らしさの理念をすべての男性に対して宣伝していった。歴史家マイケル・J・ヒューズによれば、ナポレオンはフランスの男性が生まれつき好戦的であると考えていた(34)。とりわけ貴族は生まれつきの戦士であると主張され、軍隊内部で貴族的な価値を再確立していった。ナポレオン体制は何万もの男性を徴兵したが、彼らは兵役後に家庭に戻って息子を男らしい軍人として育てることが期待されていた。ナポレオンの軍隊が西洋世界を席巻するにしたがって、女らしさは「臆病」なものとして特徴づけられていった。女性は愛する人が戦争へと向かう舞台においては脇役として描かれるようになり、フランス軍人の性的獲得物というイメージが増殖していった。この「極度に男性的な戦士的国民」として描かれるフランス人の自己イメージは、一九世紀を通じて浸透していくことになる。

西洋の歴史において長らく戦闘への参加が男性の特権であるとされた一方で、男性の格好で戦闘に参加する女性の事例も報告されている。一八〇六年から一五年にかけての（ゲルマン民族の）プロイセンとナポレオンの戦闘では、少なくとも二二人の女性が男性の服を着て軍隊に加入した。カレン・ハーグマンの分析によれば、彼女たちは疑惑の目をもって迎えられ、戦闘で功績をあげたにもかかわらず大衆には両義的な感情を引き起こした[35]。フランスとプロイセンでは愛国的な感情を喚起された女性たちには、（女性として）自分自身と自国を守る権利を要求した者もいたが、全面的に拒絶されてしまった。女らしさと戦闘は明らかに両立不能であったため、明白に女性の強靭さを示すことは、異性装をする女性にくらべても、戦時にある国民感情にとってさらなる脅威となったのである。

しかし、戦争は戦場でのみおこなわれていたわけではない。とりわけ「総力戦」として知られる二〇世紀の二つの世界大戦ではそうであった。「総力戦」という言葉が意味するのは、戦争が広範にわたり、かつ壊滅的な破壊をもたらすということであり、そして重要なのは、総力戦が前線と銃後の境界を解体させていったことである[36]。女性は戦闘での役割を否認されたが、二〇世紀の世界大戦は女性にも国家的な事業に貢献する空間を切り拓いていった。ニコレッタ・グッラーチェが示すように、第一次世界大戦期イギリスでの女性の活動は、政治思想において戦争遂行能力と市民権の資格に密接な関連があるもとで、政治的市民権の要求と一部の女性への参政権の付与を可能にしていった。イギリスならびに世界各地での女性参政権を求める運動を記録して分析した、夥しい数の歴史研究の文献が存在する。だが紙幅の制約もあり、ここですべてを網羅するのは不可能である。イギリスでの女性の参政権を求める闘争は、長期にわたる苦難に満ちた過程であり、グッラーチェが示すように、母親や妻の犠牲、戦時労働、参政権運動家によって示された愛国主義などは、選挙権の獲得に有利な方向に大衆の態度を変えていった。とりわけこのことが当てはまるのは、女性が銃後で戦争に完全に従事している一方で、男性の平和主義者が兵役拒否を選択したことにある。さらにいえば、グッラーチェが指摘するように、（ここで論じるには複雑すぎる理由によって）かつては平民の職業軍人は選挙権を拒否されてきた。一兵卒の兵士を英雄の地位にまで崇め立て、志願することを拒否した男性、また徴兵されたときに兵役を拒否した男性が罰せられる状況では、一九一八年には参政権の拡大に対する大衆の支持は明らかとなっており、その年に国民代表法が通過することになった。グッラーチェが論じるには、志願も徴兵も拒否する男性が存在するために、ジェンダーによって投票権資格を差別化することができなくなったのである。国家のために犠牲となるというレトリックは、ジェンダー中立的であった。良心的兵役拒否者は、この環境のもとでは「市民権をもたない人物の象徴的かつ文字通りの具体化」であった。(37)

イギリスでは、第一次世界大戦によって投票できる市民の指標がジェンダーそのものよりむしろ兵役になったが、一九一八年以前にはすべての男性が政治的国民に属するものとしての資格を与えられていたわけではなかった。普通男子選挙権を求める運動は長期にわたる激しい闘争であった。マシュー・マコーマックによれば、一七世紀半ば以降から一九世紀後半にかけて、その闘争は、何が人を「独立した男性」とみなす要件となるのかという問題に集中していった。

彼の研究が示すのは、政治思想や選挙改革にとっての独立の重要性という観念が存続した一方で、独立の意味するところは一八世紀末から一九世紀にかけて変化して、一八三二年の選挙法改革につながる論争の基盤となった、ということである。

「独立した男性」は、女性や「従属した男性」との対照性のなかで定義された。一八世紀の最後の数十年間に先行する時期の「独立」は、個人の社会的身分や土地財産と結びつけられることになった。「独立」の対立概念は「従属」であり、それは人間を腐敗させ信頼のおけない者にすると考えられていた。恩顧関係、雇用者、地主、慈善などに従属する者は、男らしさ、徳、自由意志を欠くとされたのだった。一八世紀と一九世紀を通じて、市民権が独立というレンズを通じて判断される一方で、独立は身分や土地財産の保有よりもますますジェンダーと結びつけられるようになった。独立は市民権の資格要件として重要である一方で、「再定義と論争を必要とした」のである(38)。

革命の時代の影響として、イギリスの急進主義的な思想家が、一七七〇年代のアメリカの政治文化と邂逅し、政治的急進主義や改革派の数が増大して、より広範なかたちでの政治的権利の付与を検討することになった。そこでは独立は決定的に重要であったが、「偽りのない感受性、合理性、謙遜の美徳、固有の権利」といった男性的な人格を帯びた観点から構想されていった。[39]同時に、これらの政治的急進派は、明らかに女性嫌悪的《ミソジニー》であり、女性はそうした能力をもち合わせていないと明言した。マコーマックが示すのは、男性的な独立にとっての資格要件が、一九世紀の最初の一〇年間を通じて議論され続けたことにある。労働者階級の膨大な参加によって、男らしさそれ自体が投票権の唯一の資格であると急進派は主張した。一八三〇年から三二年にかけての改革派は、「公共社会における独立した男性の役割が扶養者をもっているか否かによって判断されるようになると、父、夫、家屋所有者といった男性の立場に価値を設定するようになった」のである。[40]

アナ・クラークの重要な著作である『半ズボンを求める闘争』もまた、一八世紀末からの労働者階級の男性の市民権について政治的急進派が抱いていた理念の変化の軌跡を追っている。一八世紀末には急進派の熟練職人は、市民権の要求と財産権の欠如との矛盾を論じる際に、友愛（兄弟愛）の観念を広めていった。マコーマックのように、クラークは、この熟練職人たちによる運動を男性的な急進主義と見なし、それは一八二〇年代初頭までに改革派によって無力だと判断されることになった。彼女が示唆するのは、労働者階級ないしは平民的な急進派が、みずからの男らしさの観念を女性嫌悪的《ミソジニー》なものから妻と子どもに対する保護と責任に変容させていったことである。[41]

一八三二年の選挙法改正につながる時期の選挙制度改革を求めるアジテーションは、一部の貴族の女性の支持をもとりつけながら、労働者階級と中産階級の男性によって遂行された。労働者階級の女性も示威運動にはかなりの数が参加していたが、運動のなかで女性と男性は異なるかたちで表象されていた。男性は独立した男性としての投票権を要求し、女性は妻および子どもとしての役割で位置づけられたのである。一八三二年以前には、こと政治的権利の問題となると女性に関する言及は全くなかった。しかし、一七九〇年代の革命的情勢下にメアリ・ウルストンクラフトのようなフェミニストによって惹起された政治的熱狂のなかで、一八三二年に通過した法律は正式に女性の参政権を否定した。さらにいえば、すべての男性が投票権を与えられていたわけではなかった。新たに投票権を与えられたのは中産階級の男性であり、その独立は課税対象となる財産の所有によって証明された。財産は独立と信用を象徴するものであり、またそれらを測る試金石であった。言いかえれば、政治的な国民に包摂されるための男らしさの指標となったのである。(42)

しかし、男子普通選挙権を求める闘争は、まだ始まったばかりであった。チャーティズムは、選挙権を要求し経済的搾取に反対する大規模な労働者階級の運動であったが、一八三八年から一八四〇年代半ばまで活発であった。チャーティストは、男子普通選挙権を論じるとき、熟練した労働者として財産をもっているという職人たちによってなされてきた主張に依拠していた。彼らは労働という財産を保持していたからである。したがって、政治的包摂を求める基盤として独立を強調する言語を用いたが、財産の意味を拡大したのだった。この時期に、労働者階級の男性に選挙権を付与することに反対した人びとは、彼らはだらしない労働者や悪い夫であって、彼らが労働を財産だと主張するのはお門違いだと主張した。言いかえれば、労働者階級の男性に選挙権を与えるための男らしさを再定義し始めていたのである。彼らは品行方正な男性でなければならなかった。これに反応して、アナ・クラークが重視しているように、労働者階級の男性は中産階級にとっては不可欠となっていた家庭重視のイデオロギーを用い、家族を扶養できるような家族賃金を要求した。彼らは、品行方正さを主張するために、労働の徳を強調し、自己改良を強調した。クラークが示すのは、チャーティストたちが政治的国民への包摂を主張するために家族賃金という経済的要求を以前にも増して用いるようになったことである。したがって、男子普通選挙権を求める運動は、女性が家庭にいることを前提としていたのであった。

一八六〇年代に参政権に関する議論が「再び始められたときに、改革派は労働を財産であるとする考え方を圧殺したが、それは男らしさをめぐって労働者階級を分断していくことになる文化的差別によってもたらされた。つまり、まじめで、品行方正で、独立した男らしさと「野蛮な」男性とのあいだの差別である」[43]。そのような議論は、男性の家屋所有者および年間一〇ポンド以上の家賃を支払う住人に参政権を与えようとする一八六七年改正選挙法の通過へとつながった。

キース・マクレランドが記しているように、一八六七年に参政権を与えられた労働者階級の男性は、「特異な種類の男性であった。その定義は、彼が保持すべき社会的、政治的、道徳的資質、また統治や政治過程への想定される関係によるものであるが、政治的国民とは何たるべきかの再定義にとって極めて重要であった」[44]。品行方正な男性とは、租税支払い能力があり、家族を養うことができる常勤の職をもった男性労働者で、国民の内部で政治的市民権を付与されるにふさわしい類いの独立した成人男子の資質を保持している存在なのであった。イギリスでは、一九一八年になって初めて、二一歳以上のすべての男性が投票権をもつようになった。一九一八年の国民代表法はまた、三〇歳以上の女性にしか投票権を与えなかった。男女平等の参政権が実現するには、さらに一〇年の時を要したのである。

結論

本章では、ジェンダーの分析が、主要な政治的変革の特質を浮かび上がらせることにいかに役に立つのかを読者に紹介してきた。ジェンダーと革命についての私たちの議論は、一八世紀の革命の時代に始まる時期の歴史とその帰結たる市民権のジェンダー化を考察してきた。ジェンダー化されたイメージが、革命によって形成された国民を表象するために用いられてきたこと、また家族生活やジェンダーが、二〇世紀の世界全体の政治的変容にとってもつ重要性も検討してきた。そこから私たちが知ることになったのは、ジェンダー化されたイメージと家族感情が、合衆国、フランス、エジプト、トルコ、イラン、中国、ヴェネズエラなどの国家形成事業において重要だったことである。本章が検討してきたのは、ジェンダーの研究が戦争についての歴史研究に貢献してきたことであり、また戦争と市民権との関係についても考察してきた。本章の議論は、一九世紀イギリスでの政治的権利の獲得や一九二八年にいたるまですべての女性を排除するために、どのような種類の男性らしさが必要とされたのかについての認識が変化している点に焦点を当てることで終わりとした。

重要な歴史研究が、資本主義経済ならびに社会主義経済でのジェンダー、労働、産業化についてもおこなわれてきている。こうした文献についてのいくつかは「読書案内」に入れておいた。一方で、最終章では、ジェンダー史についてのアプローチをめぐる論争を検討し、読者にこの領域での新たなる研究の方向性を紹介することにしよう。

第6章　「転回」以降の新潮流

〔ポストモダンの「転回」〕

一九八〇年代半ばから一九九〇年代を通じてのジェンダー史は、「言語論的転回」、ポスト構造主義、ポストモダンなどと多様なかたちで呼ばれてきたものと手を取り合いながら台頭し、発展してきた。だが同時に、それらの研究動向に対して貢献をすることにもなった。そうした呼称は、それぞれが独自の哲学的ないしは理論的起源、そして分析的な特質をもっている。しかし、それらが歴史学における一般的な動向の一部と見なされてきたのは、歴史学という学問の本質について歴史家に疑問を抱かせるようになったことによるものだった。本書の冒頭で読者が遭遇した歴史の定義とは、歴史学という学問の性質に関わる「ポストモダニズム的」な理解として私がとりあえず言及するであろうものの中心にある。私たちは、歴史家による構築を通じてのみ過去を知りうる。歴史家は、現在より前の時代に生きられた生活の多様な痕跡である「証拠」とされるものを集め、それを解釈する。その後、解釈をかたちづくり、過去を叙述する。したがって、「本当に起こったこと」、つまり過去へのアクセスは、解釈の積み重ねによって媒介される。この幾層にもわたる解釈には、言語の利用や意味の配置などが含まれている。ある特定の出来事が起こったとき、どのようにしてそれが発生し、誰が参加したのかを確定し、影響を評価することには、その痕跡を読むことが含まれるのである。

これまでの歴史家は、みずからが過去の積極的な生産者であることをある程度の前提としてきた。だが、二〇世紀末の数十年間に見られた歴史家のあいだでのポストモダンへの「転回」は、歴史学という学知の基盤に疑問を呈することの重要性に対する理解を増し、そして、そうした知的営為を賞賛してきたのである。ジェフ・イリーやキース・ニールドが記しているように、「それは、多様な観点への道を切り拓いたからだった。過去は決定的に再構成できないものであり、過去の全体性は回復不能であるために、必然的に私たちの理解へのアクセスは暫定的なものとなる」(1)。歴史は、常に修正と論争を免れえないのだ。これから検討するように、ジェンダー史の周辺には、歴史研究の新たな道を切り拓くような歴史分析の新しい潮流が存在する。しかし、そうした新たな潮流について議論する前に、ジェンダー史が、ポストモダン、あるいはポスト構造主義の言語論的転回に対して、どのように関与してきたのかを検討することが重要となろう。

キャスリン・カニングが論じるには、一般的にフェミニズム史学は、ジェンダー史の発展にとって不可欠のものであった。[2] 彼女が示唆するように、一九七〇年代や八〇年代のフェミニストの研究者は、生物学が性的な不平等を説明してくれるという認識を拒絶しており、性的な差異は社会的に構築されたものだと論じた。ジェンダー史がもっぱら狙いとしたのは、歴史の主体は身体性を剝奪された白人男性であるという理解を批判することにあり、最初から伝統的な歴史実践を不安定化させる側面を含んでいたのである。「言語論的転回」の立場に立つフェミニスト史家は、どのようにジェンダーが構築されるのか、また、どのように歴史的過程に影響を与えるのかという歴史分析の中心に、言語と言説を据えることによって、さらに先へと進もうとした。そうしたフェミニスト史家は、言語と言説が、歴史的「現実」を構成するものとして、つまり単純に反映するものとしてではなく、構築するものと理解していた。このことは、ほかのフェミニスト史家を不安にさせ、かつ当惑させることになった。というのも、彼女たちは、すべてのものが言語を通じて構築されるという理解には異を唱えていたからである。つまり、それは、「テクスト」ないしは書かれたもの以外には現実というものが存在しない、という印象を与えてしまうからだった。この新しい歴史学が、進歩的なフェミニズム政治を否定する相対主義の迷宮へとつながることを懸念する歴史家もいる。他方で、「社会関係やその歴史を形成するに際して」、言説や言語が、ひとつの構成要素であるというよりも、すべてを説明すると考えられる基軸概念《マスター・カテゴリー》となっていると主張するものもいる。(3)

歴史家ならびにフェミニズム史家の内部での論争はより一般的なかたちで一九九〇年代に激烈なものとなったが、学術雑誌のみならず、「主流派」メディアでも発生した「理論闘争」として言及されるようになった。(4)そこでは、議論に刺激を与えたものとしてとりわけミシェル・フーコーとジャック・デリダの思想の影響が圧倒的であった。フーコーとその信奉者にとっての近代社会における権力とは、中央集権化されているというより分散的なものであり、本質的に学知と結びついていた。たとえば、セクシュアリティの歴史のなかでは、セックスは科学の対象となり、そうした学問やそれが生産する学知は支配の道具となる。さらにいえば、知識は、それを自己認識と自己統制の手段として用いる個人によって内面化されて統制をおこなう。〔ポストモダンに〕批判的な人びとが懸念しているのは、そのような言説的な権力理解が、支配と同様に人びとの生活に影響を与えている経済や社会の物質的な制約条件を無視ないしは否定しているということにあった。

ジャック・デリダの名前は、テクストの理解と読解の方法である脱構築理論と結びつけられている。本来、彼の著作が提起するのは、テクストが決定的に意味を確立しえないということであった。なぜなら、テクストは、終わりのないシニフィエ〔記号内容〕の遊戯によって構築されているからである。西洋の伝統が試みるのは、その不安定性を抑圧することで確実性と真理を主張することにあった。しかし、この伝統のなかで、テクストを構成する二項対立（明と暗、自然と文化、男性と女性）は、実際には階層秩序として構成されている。したがって、中心的な用語は周辺的なものを前提としており、それによって影響されることになる。それゆえ、テクストは内的な矛盾を含んでおり、真理ないしは固有の意味というものの存在を掘り崩す。デリダの著作は、内的矛盾を暴露し、抑圧してきたもの、つまり放置され沈黙させられてきたものを明るみに出すべく歴史的資料を構成しているテクストを読解するひとつの方法である。テクストにアプローチする方法としてデリダ的なポスト構造主義を歓迎する歴史家がいる一方で、それが言語のみを対象としている、難解な文体を用いている、特異な言説が登場する歴史的ならびに社会的コンテクストを無視あるいは重要でないと考えている、として非難したものもいる。

ジョーン・スコットは、ジェンダー史の発展のなかでは中心的な人物であり、とりわけ歴史学におけるジェンダーの問題に対する理論的アプローチを推進してきた。しかし、フーコーやデリダに理論的に依拠しているために、歴史学へのポスト構造主義的アプローチを排他的なかたちで主張することになった。彼女の着想は、ジェンダー史や女性史のあいだで熱い論争を喚起する。(5)

これによって、フェミニスト史家の多くが理論をめぐる学問的論争の当事者となったが、「中道路線」を歩むことを採用したジェンダー史家もいた。それらは、ポスト構造主義のある面を採用しながら、社会的コンテクストや主体性ないしは歴史的アクターの役割をもち込もうとした。すなわち、主体はみずからを規定する言説を批判し、抵抗し、変容させたり、みずからが置かれた社会的制約条件と格闘したりすることになるのである。

たとえば、ジュディス・ウォーコウィッツの『迷宮の都市——後期ヴィクトリア時代ロンドンの性をめぐる危機の語り』は、フーコーの言説＝実践に関する知見を、社会史とフェミニズム政治から継承した問題に結びつけている。(6) 著者は、一八八〇年代ロンドンの社会的風景の変化を分析した。そうした変化は、ロンドンに対する様ざまな種類の調査を推進し、そこには、社会改革家、中産階級でエリートの男性見物人、少女が零落して売春婦となる過程を煽動的に報道したウィリアム・T・ステッドのようなジャーナリストによるものが含まれていた。そうした相互に結びついた、時に矛盾する言説は、政治的な示威行進、議会立法、警察の監視を増大させていく。ウォーコウィッツが詳細に明らかにするのは性をめぐる語りが増大したことの社会的影響であり、異性愛の解釈をかたちづくるうえでのメディアの役割と影響力を検討している。彼女が論じるのは、「切り裂きジャック」殺人事件をめぐるメディアの熱狂の結末のひとつが、男性の暴力と女性の受動性のとらえ方に焦点を当てたジェンダーの意味の再構築であり、ロンドンそのものの社会的風景のイメージの再定義にあったことである。したがって、ウォーコウィッツの著作は、言説を社会的なコンテクストに位置づけ、その社会的、文化的、政治的な影響を検討しているのである。

キャスリン・カニングは、一九九〇年代に刊行された論文のなかで、言説と社会的コンテクストが相互作用ないしは相互依存の関係にあることを強調するようなジェンダー史に対するアプローチを発展させた。それは、ジェンダー史に、「経験」と主体という観念を再び導入するものであった。彼女のアプローチにとって中心になるのは、「身体」を「物質文化と主観性の交錯するところ」に位置するものとして理解する点にあった。それによって、「欲求と欠乏状態という身体的経験が重要なかたちで主観性を規定する」ことになる。(7) たとえば、第一次世界大戦後のドイツにおける女性労働者の政治についての研究のなかで、戦争中に女性労働者が直面していた社会的条件、労働組合で新たに獲得した地位、女性の身体や労働についての言説の変容、政治的抗議行動でそうした言説を用いる女性の主体性などを明らかにしたのである。カニングが論じるのは、戦争の時期とその結末としての政治的ならびに社会的争乱によって、「飢え、窃盗、デモ、出産や堕胎」などの身体化された女性の経験が、「意識と経験の変容に道を拓いた」時期を構成していたことにある。(8) さらにいえば、戦争中、政府による女性の活動に対する監視は強化されていったが、これは女性が独自の要求を切実に自覚化する契機となっていった。その結末において、女性の母としての身体は、人口の減少と質の低下についての社会の広範な懸念材料となった。女性たちが、家族の生存にとって必要となる工場労働と家事労働の双方を含む日常的な経験を政治的要求に挿入することになるのは、この複雑な言説的ならびに社会的コンテクストのなかでのことだった。女性たちが語ったのは、「病気や怪我をしやすく、強姦されることもある脆弱さ、非合法の中絶の危険性と死、労働者階級家族での幼児死亡率の高さ」であった。[9] 戦争前は、女性独自の要求についての議論は母親としての女性労働者に焦点を当てていたが、一九二〇年代半ばになると多様な役割のなかでみずからを表象して、社会立法を要求するために女性労働者としての特殊性に言及するようになった。これは必然的に複雑な物語となる。それは、言説、社会的コンテクスト、主体、そして経験などを考慮に入れるもので、それによってポスト構造主義とその言説への関心を用い、またそうした言説が語る物質的なコンテクストの分析を結びつけるジェンダー史を実践するものであった。ジュディス・ウォーコウィッツやキャスリン・カニングの仕事は、中道路線を歩む歴史研究の事例であり、言語論的転回についての論争が学界で熾烈を極めた時期に、それによってジェンダー史に対する多様な理論的アプローチのもたらす恩恵がどのようなものになるかを探ろうとするものであった。

ジェンダー史を実践するにあたって、学際的なアプローチが不可欠であることに異論はなかろう。この点において、ピーター・バークのいうところの「新しい文化史」を構成するものとしてそれらを考えるのが有意義となる。この「新しい文化史」は、ポスト構造主義を含み、それに影響を受けているが、必ずしもそれに還元されることのない折衷主義的で多様なアプローチを含んでいる。[10]それどころか、本書で議論されているほとんどの研究は、「新しい文化史」の何らかの側面を利用しているか、それに関与しているのである。こうした動向には、第5章で論じたようなフランス革命の動向に影響を与えたジェンダーのイメージに関する研究、第3章で論じた植民地期ヴァージニアのジェンダーと奴隷制に関するキャスリン・ブラウンの研究などが含まれる。歴史とは何か、それがどのように描かれるべきか、ということについて本質的に異なった見解を採用した歴史家たちによって「理論闘争」がおこなわれてきた一方で、ほとんどのジェンダー史家は分析的な道具を多様な伝統から借りてくることになった。歴史家による最近の歴史学の状況についての考察は、こうした多元性だけではなく、文化史と社会史的なアプローチを結びつける協同作業の試みを示している。それは、言説分析を用いて、社会的ならびに歴史的コンテクストを評価し、社会的機会と不平等を配分し維持していく秩序を概念化していくものである。[11]

〔主観性〕

これまでのところ、キャスリン・カニングの著作についての短い議論をのぞけば、主観性の問題に注意が払われてこなかった。カニングにとって、物理的な緊張と欲求をもつ身体が主観性をかたちづくることになる。彼女はまた、主観性を言説における「主体の位置」、それらが可能とする自己表象という観点から見ている。[12] マイケル・ローパーによる男性が戦場で母親に送った手紙についての研究には第4章で言及したが、彼にとっての主観性は心理的な状態と関連していた。実際のところ、刺激的なタイトルをもった「視界から零れ落ちるもの——ジェンダー史における主観性と情動」という論文のなかで、彼は言説における主体の位置として概念化される主観性の理解には極めて批判的であった。それに対して彼が主張するのは、アクターが言説を利用することとその心理的効果の問題を区別することであった。[13] いくつかの理由によって、彼はジョーン・スコットによって理論化されたジェンダーに対する言語論的アプローチには批判的であった。ローパーは、ジェンダーの理論から生きられた経験の観念を排除することは主観性の分析を不可能にすると主張し、言説や文化的表象が主体を構成するという理解には異議を唱えていた。彼はまた、スコットの影響下にあるジェンダー史が権力を構成し意味づける手段としてのジェンダーに限定しすぎているとも論じる。「スコットのモデルのこの部分が、ジェンダーが問題とされていないような領域へと到達することを可能とした」のであった。[14] 言いかえれば、ローパーは、歴史理解に対して貢献したという理由から、ジェンダー分析のもつ強みとしてジェンダー史家が考えてきたものを、むしろ問題と見なしていた。ジェンダー史が失ってしまったものは、「日常的実践、すなわち、他者との情動的な関係を通じて形成される人間の経験、そして自己と他者の双方に対する意識的ならびに無意識的な情動の衝動を管理する不断の過程を含むものとしての経験」に対する注目だった[15]とローパーは論じる。第一次世界大戦中の男たちと男らしさに関する研究のなかで、ローパーは母親が息子のためにおこなっていた日常的な実践に注意を向けた。それは情動という観点からすれば重要なもので、手紙、料理、衣服や贈り物の送付というかたちで息子に愛情と支援を示すものであった。息子と母親のあいだで交わされた手紙の分析によって、家族間の情動的関係のもつ意味を再構成することが可能となったのだが、「社会的、文化的ならびに心理的な構築物」として理解される男らしさの分析の中心に位置するのは、こうした関係なのであった[16]。ローパーの分析は歴史学に対する伝記的なアプローチの具体例を示すものであり、精神分析学に深く依拠している。それは、歴史家に対して「家族内部で形成される関係の心理的な深淵」ならびに特異な歴史的状況でのその重要性に対する洞察を与えてくれるのである[17]。

ティモシー・アシュプラントによる最近の書物は、伝記やライフストーリーのアプローチを用いて、第一次世界大戦期における男性の複雑な主観性を研究している。アシュプラントは、中産階級上層出身の男性に関する三つの詳細な事例研究を用いて、西部戦線での野蛮な戦争という状況に直面しながら生きねばならなかった時代の個人的ならびに社会的アイデンティティの宿命を検討する。彼の目的は、男性が情動の面で戦争の影響を受けていることについての概説的知識や叙述的描写を提供する点にあるのではない。むしろ、個人としての男性の政治的ならびに社会的アイデンティティの形成と変容を検討することにある。この書物は、家族、参加した教育制度、軍隊のなかでの個人の人格的発達を研究している。アシュプラントがとりわけ興味をもつのは、いつ、どのような方法で、男たちが、「交渉をおこない、期待された役割に抵抗ないしは拒絶していたか」であり、彼は戦争の影響に目を向けている。[18] 彼は、個人のアイデンティティの形成が精神的であり社会的なものであると理解している。アシュプラントは、それらが相互に絡みあっていると見なしており、「その結果として、成人のアイデンティティの獲得が、ジェンダー、階級、国民という意味で独特なものであり」、成人期にいたる人生の過程でかたちづくられることになったという。[19] 重要なのは、彼もまた国民のような「社会的な集合性」と呼ぶものを検討し、大人になっても幼少期に経験したような愛着にもとづいて要求をおこなっていた点を検討したことにある。最終的に、戦争の時期を、解体の時期、ないしは、彼の言葉では、個人の変容の可能性を生み出すための「境界」状況の時空間として研究している。この書物が詳しく検討しているのは、第一次世界大戦が中産階級上層の男らしさに異議申し立てをしたことであり、それによって、かつてはみずからの生まれに対して反抗していたが社会の要請にしたがうようになる男性がいる一方で、かつて当然と見なしていたものに対して疑問を呈して異議を申し立てるようになった男性もいたということである。

アシュプラントの著作は、精神分析学的、文化史的、社会史的な手法を根こそぎ動員して、精神の動態とともに特異な社会的コンテクストを射程に入れた主観性の歴史を探究している。アシュプラントやローパーの著作のように、個人の主観性に焦点を当てた男らしさの歴史に対するアプローチは、本書のほかのところで検討したジェンダー史とは極めて異なるものとなる。歴史への精神分析学的アプローチそのものは決して新しいものではない。だが、(特異な歴史的コンテクストのなかで形成されるものとして理解される) 個人の心理という視座から主観性を考察することは、ジェンダー史に対する新しい方向性を提出してくれる。ある意味において、初期の女性史やそれに影響を与えた社会史のように、このアプローチは「復元」の試みとなる。[20] アシュプラントが述べているように、彼の著作は、「権力や文化の中心から排除されてきた人びとの声を復元して語らせる」歴史のように、「諸個人の内部での「内なる声」を回復し、そこでの内的葛藤や矛盾した声を復元している」のだ。アシュプラントのアプローチには、ジェンダー史を考察するうえでのいくつかの重要な方法が内包されている。彼の言葉を用いれば、その意図するところは、「個人と社会とのあいだの精神的、文化的、物質的な力の相互作用を明らかにすることにあり、それらが内面の葛藤を生み出すのである」。[21]

だが、精神分析的な視座を用いて主観性を再構築するアプローチは、近代史に限定されるのであろうか。リンダル・ローパーが論じるには、近世の民衆は心と身体について現在とは異なるかたちで考えていた一方で、アイデンティティを形成するプロセスは現在と変わらないという。[22] 彼女が精神分析学の理論を用いて論じるには、アイデンティティは「ひとつには他者との同一化や分離の過程を通じて構築されるのだが、そうした特徴は近世という時期に特有のことではない」。ジェンダー化された主観性についての彼女の理解は、生物学的性を付与された身体のもつ歴史に対する意味を評価することにその根拠をおいている。彼女が論じるには、性的な差異は、単に「社会的であるのみならず、身体的なものとなる」[23]。精神分析は、身体的なものと精神的なものとの相互依存と、その主観性に対する影響の分析を可能にしてくれる。ローパーが検討するのは、魔女裁判にかけられた個人の主観性である。裁判記録から明らかになるのは、双方とも女性であった原告と被告が、母性と幼児期の身体的な問題に焦点を当てるか、親の権威に対する彼女たちの怒りを表現していたことであった。彼女は、一七世紀ドイツでの魔女現象が、同時代の文化的な語りを通じて表出される「女性の立場に付随する心理的葛藤」に関連していることを理解している。言いかえれば、ローパーは、文化というものが個人の潜在的な主観性や情動の状態の表出の回路をかたちづくると見なしているのだ。

〔グローバル／トランスナショナルな歴史〕

主観性や情動を研究対象とすることは、流行を獲得しつつあるジェンダー史研究のひとつのアプローチである。だが、一見するとかなり異なった方向性をとる歴史実践の潮流も存在している。新しい文化史とともに発展してきたジェンダー史の時代に、いわゆる世界史やグローバル・ヒストリーと呼ばれるものに関心をもつ歴史家も増大しているのだ。同時代のグローバル化に関する広範な関心、世界規模の社会に対する影響をもつ社会的、経済的、文化的変容に対して非西洋世界の歴史のもつ重要性への認識は、世界史、グローバル・ヒストリー、国際関係史への関心を喚起していった。一般的にいえば、女性史やジェンダー史は、世界史やグローバル・ヒストリーの実践のなかに姿を現してはいない。そして、女性史やジェンダー史は、世界を横断する社会について記述をおこなってきたが、女性史やジェンダー史の歴史家は、「世界史」的アプローチを採用してこなかった。世界史ないしはグローバル・ヒストリーと、女性史やジェンダー史は、別個の、かつ交差することのない軌道のうえを発展してきたように思われる。しかしながら、ジェンダー史や女性史家がグローバルにものを考えることが求められるようになり、少数ではあるが世界史家たちがジェンダーに関心を向けるようになるにつれて、こうした状況は変化し始めることになった。

世界史やグローバル・ヒストリーの研究者がジェンダーに対して無関心であることのひとつの理由となっているのが、ジェンダー史という分野を実践する研究者たちが関心をもつ現象の規模によるものであろう。[24] グローバルな経済的変容を説明することに関心をもつ歴史家たちは、社会レヴェルでの社会的ならびに経済的力学を研究している。彼らは、比較分析の手法を用いて、経済的観点からひとつの地域を別の地域と区別する要因を検討した。そして地球規模での交易と資源のフロー、地域間の多様なる結合を研究していった。何よりも、この分野で高く評価されているのは、ケネス・ポメランツの『大分岐——中国、ヨーロッパ、そして近代世界経済の形成』である。[25] ポメランツの問いは、次のようなものとなる。資本主義経済の発展のなかで、なぜ一九世紀に、とりわけ中国を筆頭とするアジアに対して、ヨーロッパ、とりわけイギリスの劇的な飛躍が発生したのであろうか。彼が示すのは、イギリスと中国は、近世という時期には経済成長の一因となる経済的ならびに社会的指標の点では顕著な類似性を示していたが、一九世紀になるとヨーロッパの資本主義経済がユーラシアのほかの地域を凌駕するようになったことである。ポメランツによる一九世紀に発生した「大分岐」の解釈は、イギリスでは蒸気機関が利用可能となったこと、またイギリスの石炭の埋蔵地が産業拠点に近接していた一方で、中国ではそうではなかったというような比較史の手法を用いているだけではない。彼はまた、ヨーロッパをアジアから分岐させた一連のグローバルに接続された現象も検討している。とりわけ重視されるのは、ヨーロッパによって占有された新世界の土地や、奴隷などの非自由な労働形態の利用であり、それによって製造業に必要な原料や農産物の生産が可能となったのである。このように、ポメランツは比較分析の手法にもとづいて「分岐」を解釈しているが、最も重要なのはグローバル経済のなかでの相互連関や相互作用を説明していることである。

ポメランツが比較しているのは、イギリスと中国の女性労働の性格に見られる差異のもたらす影響である。ポメランツは、ふたつの地域における女性労働が「市場経済」の原理にかなっていることを示しており、理論的には両地域の経済成長を促進するはずのものであった。中国の女性は在宅で働いており、イギリスの女性は工場労働に調達可能であったが、男性と比べた場合の女性の賃金水準は、どちらかといえばイギリスよりも中国のほうが平等であった。しかし、ポメランツの関心は、どのようにしてジェンダーが中国とイギリスの分業をかたちづくったのかにあるのではない。むしろ、彼の関心は、ジェンダーに関する異なる文化的規範が「東洋」と「西洋」を経済的に差異化していったのではないという事実にある。

このようなグローバル・ヒストリーが私たちの議論にとって意味をもつのは、それが重要な考慮すべき事柄を強調しているからである。第一に、ジェンダーが歴史的過程での重要な要因であるとジェンダー史家が論じる一方で、このことはジェンダーが独特の歴史的結果をもたらす多くの要因のひとつにはなりうるが、かならずしも不可欠な要因であることを意味しない。第二の関心は、分析のレヴェルに関連している。グローバルないしは社会レヴェルでの経済的、社会的、政治的趨勢や諸関係は、多くの複雑な相互作用をともなうプロセスの帰結となる現象である。そうした現象を分析したり叙述したりすることにおいて、その原因となるプロセスはかならずしも明白なわけではない。それらを発見するためには、構造や結果よりもプロセスに関心をもつ、よりローカルないしは「ミクロな」レヴェルでの分析を必要としている。ひとつの事例として、奴隷制の問題を取り上げてみよう。ヨーロッパの奴隷貿易への関与、新世界での奴隷化したアフリカ人の使役は、それ自体が一九世紀にほかのユーラシア地域から西欧が経済的に分岐した原因となっているわけではないが、それに貢献をしたことは間違いなかろう。そうした考察には、ジェンダーへの関心が欠如している。しかし、本書の第3章で論じたキャスリン・ブラウンやカーステン・フィッシャーの著作は、英領北米植民地での奴隷制度の確立に、人種とならんでジェンダーが果たした役割を証明している。しかし、彼女たちの研究は、ポメランツのものとは異なるレヴェルで分析をおこなっているのだ。

近年のグローバル・ヒストリーや世界史によって提起された第三の問題は、地球規模の相互連関を強調することで、ヨーロッパが近代史の原動力としての地位を剥奪されたのみならず、歴史というものが、固定化され、境界づけられ、「自然な」歴史的拠り所となる「国民《ネーション》」に関する物語ではなくなったことにある。この「トランスナショナル」ないしは「トランスボーダー」のアプローチは「新しい帝国史」と呼ばれるものを含んでおり、それは、長らくジェンダーに関心のあった歴史家の強い関心の対象となってきたものである。そのような研究の事例は、本章のあとのほうで詳細に論じることにする。しかし、まずは近年のフェミニスト史家たちが比較史の視点を用いて世界史のなかにおけるジェンダーをどのように研究してきたかについて考察してみよう。

同じ年に発表された別個の論文のなかで、アリス・ケスラー・ハリスとローラ・フレイダーは、世界史のなかでのジェンダーと労働について論じている[26]。ケスラー・ハリスは、この問題へのいくつかの異なるアプローチを用いて、彼女に続くジェンダー史家たちがグローバルに思考するうえでしたがうべきひとつの道筋を示すことになった。彼女が探求するのは、時空を超えた性別分業関係であり、性別分業関係をかたちづくるうえで、経済構造の変容のみならず、宗教、イデオロギー、世帯の構造、男女のライフサイクルを含む、どのような要因が概して重要であるのかということにある。彼女はまた、被服製造、性労働、家事労働を含む、女性が関与しており現在も続けている多様な労働の形態を検討している。加えて、彼女が示すのは、家族形態と性的な規範が、経済が発展して生産が組織化される際に与えた影響である。彼女の貢献は、すでに地球規模かつ時代を超えた多様な社会のなかでおこなわれてきた労働を事例として用いながら、将来の研究に対する課題を設定したことにある。ローラ・フレイダーの論文が考察するのは、原始の人間社会に始まり、西欧とアジアでの軍事化され封建化された社会を経験し、多様な発展段階をもつ資本主義と産業革命をへて、二〇世紀後半のグローバル化へといたる壮大な歴史的時間のなかで、ジェンダー分業がどのように発展して変化していくのかである。彼女の概説が示すのは、ジェンダー分業と不平等が人類史の拡大を通じて存続したことであり、彼女は世界中の多様な土地でのジェンダーの不平等に見られる連続性と類似性に対して可能な解釈を考察している。そのような比較史的考察は、地域や国民国家を横断する類似性と差異を示して、ジェンダーをめぐる差異を産み出した要因を詳細に記述して、社会的、文化的、経済的転換が女性やジェンダーに影響を与えていることを明らかにしている。

比較史的アプローチは、ジェンダー史家がみずからの研究をグローバルな枠組みに位置づけるひとつの方法であった。その一方で、全く異なったアプローチが、ジェンダー史家によって提出されている。それは、ジェンダーに関連する学知、政治運動、イデオロギー、関係性に影響を与えている地理的に定義された領域の内外での結びつきを検討しようとするものだ。二〇〇〇年に刊行されたピーター・スターンズの『世界史におけるジェンダー』は、文化的接触や国際的な相互作用として理解されているジェンダーと女性史に対するアプローチとグローバル・ヒストリーを結びつけた(27)。このアプローチをどのように呼ぶかという点では意見が異なるが、一般的にいえば、たとえ「国民国家」自体の結びつきを研究しているわけではないにしても、それはトランスナショナル・ヒストリーとして理解されている。実際、帝国や植民地主義に関心をもつフェミニストの研究者は、境界を設定された、自己充足的な歴史的拠点としての「国民」を超えていく歴史分析をおこなってきた。そのような研究の事例となるものを第3章で紹介してきたが、それは植民地支配が、本質的に人種、ジェンダー、セクシュアリティなどの問題と結びついているからだけではなく、帝国主義的文化が地域や宗主国（あるいは「国民」）のジェンダー・イデオロギーや政治にとって不可欠だからである。そのような研究は、多様な地理的配置のなかでの諸民族間の接触や結びつきをジェンダーや権力分析における中心的なものとしていった。同時に、そのような「接触や交流による相互に接続されたネットワーク」が、「権力と支配のシステム」を規定し、またそれらによって規定されるコンテクストにおいて発生することを認めている[28]。ムリナリニ・シンハの「帝国主義的社会構成体」という概念は、植民地と宗主国が不可分のものとして相互に結合していることを思い描きながら、その相互依存関係の感覚をうまくとらえている[29]。

シンハはこの概念に依拠しながら、一九二七年のキャサリン・メイヨの『母なるインド』の刊行につづくトランスナショナルな論争や反響をめぐる分析のなかで、その効果を検討している[30]。アメリカ人フェミニストでジャーナリストであるメイヨは、ごく簡潔にではあるが、インドにおける女性の窮状を描写して、インド・ナショナリズムを批判、イギリス支配の道徳性に賛意を示している。そうした女性の窮状の原因として、ヒンドゥー男性の性的慣行、より一般的にはヒンドゥー文化の「後進性」を非難したのであった。この書物はイギリス帝国主義に対する合衆国の妨害を背景に刊行され、アメリカ人に対してイギリス統治を正当化することで英米関係の改善を意図したものだったが、その出版は世界規模での論争を引き起こした。そこでは、アメリカ、イギリス、インドのフェミニスト、インドのナショナリスト、イギリスやアメリカにおける反帝国主義のグループ、社会改革者、政治家、メディアが論争に参入していった。シンハはそうした論争をグローバルな規模での事件と見なし、「破壊的であると同時に可能性」をもったものとする。その書物は、自治と女性の権利をめぐる世界規模での論争に介入するものであった。インド内部でも、フェミニストやナショナリストは、イギリスが社会改革に抵抗しインドの女性の窮状の改善にほとんど何もしていないとして非難している。インドのフェミニストが要求したのは、国家は女性の運命を宗教的共同体の手にゆだねるのではなく、女性を保護するべきだということだった。したがって、この論争は、女性が市民や主体として表象され、かつみずからを表象する空間を切り拓いたといえる。シンハの著作が示すのは、トランスナショナル・ヒストリーの可能性であり、インド政治におけるジェンダー関係と家族生活の役割の変化を明らかにするために、グローバルとローカルを結合するアプローチを用いることの重要性であった。それが示唆するのは、グローバルな帝国主義的社会構成体のなかにあって、メディアはジェンダーについての論争の回路として機能していることである。それは、ローカルのみならずトランスナショナルならびに国際的な政治に影響を与えうるものとなる。

いくつかのナショナルあるいは地域的なコンテクストに特化しているフェミニスト史家たちの集団による研究は、「モダンガール」と呼ばれるものによって代表される、一九二〇年代、三〇年代のメディアを通じた女らしさについての新しい解釈のトランスナショナルな創造を考察することになった。彼女たちの研究が示すのは、地域に関係なく、土着の観念を組み込んだ「モダンガール」のイメージが、「ほかの場所から継承した要素」によって修正され、変容することであった。[31]「モダンガール」は、地球規模に進出していたアメリカやヨーロッパによる発明ではない。むしろ、その形象は、「多方向的に急速に移動する、資本、イデオロギー、イメージの循環」を通じてほぼ同時に登場してくる。[32]近代性を象徴する「モダンガール」のイメージは商業製品の広告のなかで形象化されたのだが、「モダンガール」が登場したそれぞれの地域で表象される独自の様式をもっているように思われたのである。その社会的立場、エスニシティ、活動は、サハラ以南のアフリカ、南アフリカ、東アジア、ヨーロッパや合衆国など、コンテクストによって異なるものとなる。しかし、コンテクストに関係なく、容姿や身体に関心をもつものとして表象されている。加えて、彼女たちのイメージは肌の色や人種と結びついており、したがって、多様なコンテクストのなかで、どのように人種が理解され動員されるかに関係しているのだ。

マリリン・レイクは、一八九〇年から一九一〇年までの「白人国家」という言葉の使用の分析を通じて、南アフリカ、カナダ、合衆国、オーストラリア、ニュージーランドにおける文明と市民権観念のトランスナショナルな流通を研究した。(33) 彼女が論じるのは、「白人男性」がトランスナショナルな形象であり、トランスナショナルな会話を通じて互いに結びつく別々の国民国家の知識人や政治家のもつ「同胞感情」を反映し表象していたことである。二〇世紀転換期の合衆国は、ほかの帝国主義国によって繰り返された文明化と自治への適合性についての議論を用いて、独立を求め闘っていたフィリピン人と戦争をしていた。オーストラリアでは、キューバ人やフィリピン人の自治への不適合性が新聞で繰り返し報道され、合衆国による宣戦布告が熱狂をもって迎え入れられ、アメリカ軍として徴兵リストに登録しようとするものが、領事館に数百人も殺到したほどであった。レイクが論じるのは、南アフリカや北アメリカ、オーストラリアの政府が一体感を抱いて行動をともにし、人種的排除のモデルを求めて参照しあっただけではなく、市民権をめぐる議論では似たようなジェンダー化したレトリックを用いていたことである。さらにいえば、「白豪」〔オーストラリアの白人優遇政策〕理念は、二〇世紀初頭に執筆された世界史のなかで広められ、そこでは人種というものを世界の文明化と政治的進歩にとっての主たる歴史的原動力として見なしていた。「オーストラリア連邦の父たちは、そうした新たな歴史に依拠して、包囲された白人としてのトランスナショナルな一体感によって構成されていた」のである。(34)

トランスナショナルな空間を循環していたのは観念だけではない。旅行者、探検家、そして自発的ないしは非自発的な移民として、人びともまた移動していたのである。地理的な空間を超える人びとの動きは、決して新しいものでない。記憶の彼方の時代から人びとは「移動を繰り返してきた」。彼らは出身地域に起源をもつ物質的な財や思想を運んでいたのであり、新たな環境のもとで見たこともないような財や存在の様態と出会うことになった。第3章では、植民地主義的ならびに帝国主義的な社会秩序を構成するにあたって、ジェンダーと性交渉の関係の重要性についての事例を検討した。ジェンダー、セクシュアリティ、帝国をめぐる短い議論のなかで意味されていたのは、帝国主義的社会構成体が人びとの移動と不平等な力関係にある他者との相互作用によって構築されているということである。以下の議論では、接触、移動、移民などに明示的に焦点を当て、ジェンダーの問題を考察することにしよう。

〔接　触〕

たとえば、外国の土地に暮らす人びとの生活を発見して記録することに熱心な探検家が、異なる文化的な構成とジェンダー的な差異の規範をもつ人びとに遭遇した時に、ジェンダーをめぐる差異の認識に何がおこったのであろうか。人類学者の著作や一七六〇年から七〇年代にかけての太平洋の航海におけるキャプテン・クックの旅行記に依拠しながら、キャスリン・ウィルスンが論証しているのは、探検隊の航海士や船員とタヒチ人の男女とのあいだの遭遇に関連する「ジェンダーの誤認」と「相互の」混乱である。船員はタヒチの女性を性的に放縦なものとして理解したが、女性たちの観点からすれば、それは一儲けしようと外国人男性の船荷を奪い取ることに熱心だったにすぎない。ポリネシア社会での女性の性的行為は、精神的で政治的な意味をもっていたが、ヨーロッパ人の道徳性の観念とは相容れないものであった。タヒチの女性が性的にふしだらであることは旅行者に不安をもたらし、旅行記での記述によれば、ヨーロッパ人の男性が「差異をめぐるポリネシア的なカテゴリーの対象」となったことを示している[35]。船員はまた、太平洋の島の男性が同性愛的で女性的であることに気づいた。一方で、島の男性の目からすれば、運搬は女性の仕事であったので、そのような運搬作業をおこなう船員はまるで女性のように見えた。ウィルスンがもうひとつの可能性として議論するのは、船員はみずからの性的欲求を土着の女性のなかに投影していたこと、また、そうした文化のなかに「本国に帰れば」非難されるような性的行為に関与する好機を見てとったことにある。

最近の歴史家が境界を越える人びとの動きに注目することによって、ジェンダーとトランスナショナル、トランスボーダー、ないしは、(バランタインやバートンの言葉を用いれば)「トランスローカル」な流動性との関係が視界に入ってくる。それらは、グローバル・ヒストリーや帝国史のコンテクストでのジェンダー化された主観性や情動の問題に注意を向けるものである[36]。第3章では、ヨーロッパの毛皮商人と先住民の女性との関係を固定化し、親族ネットワークを形成する「多くの優しい絆」を知ることになった。しかし、一九世紀のうちに移民社会が西方に移動すると、先住民の女性とヨーロッパ生まれの男性とのあいだの婚姻関係に対しては寛容さが失われていった。マイケル・A・マクドネルによる卓抜した研究が示すのは、アメリカ独立戦争後の北アメリカで国家的ならびに言語的境界が五大湖地方で再設定されたときの「人種」を超えた親密な家族の紐帯の連続性に関して、少なくともある地域では、そうした紐帯が「人種」の線だけではなくカナダとアメリカ合衆国の境界を横断して創出され続けたことにある。(37) 先住民、フランス人、混血民族ないしは混血児《メティス》が住む、五大湖地方と呼ばれる領域での数世代にわたる家族史の研究によれば、「想像された国民的、文化的、人種的な境界」は、住民を領域内に閉じ込めることはなかった。むしろ、先住民や混血の女性は、合衆国やカナダの国境地帯での通婚や出産による肉体関係をともなう紐帯を形成し続けたのだ。それは、一七六三年にフランスの北アメリカ支配体制が終焉するよりも前に、北アメリカのフランス帝国とイギリス帝国の国境線を越えていった、彼女たちの女系の祖先たちと同じようなものだった。

〔移動と移民〕

大陸と海洋を超えていく移民は、その概念が発明される以前から存在したトランスナショナリズムのひとつの事例である。あらゆる人類の歴史は、「移動する」人びとの歴史と見なすことができる。その移動は、環境の変化や社会の変容に対するみずからの意思による場合もあり、戦乱や奴隷貿易、植民地主義など非自発的なかたちによるものもある。「故郷」を離れ、新たな環境のなかに定着し、空間を超えた家族の紐帯を維持しようとする移民の経験に関する考察は、移民の多様な側面においてジェンダーが中心的存在であることを明らかにしてくれる。家族世帯それ自体が、空間的に分散して、経済的支援や愛情の交換を通じて維持されることになる。ディルク・ヘルダーによる一〇〇〇年間にわたる移民のグローバルで百科全書的な分析ならびに概説によれば、ジェンダーの不平等によって、女性の主要な責務が家族の維持とされたために、女性が移住する可能性は制限されていた。[38] 彼は、人種、階級、エスニシティが女性の自発的ならびに強制された移動に影響を与えていたことを考察し、文明化の主体として行動するために植民地への移動を奨励されていたことを強調している。ヘルダーはまた、性売買や現代のセックスツーリズムで商品とされた女性の搾取を考察している。したがって、彼の著作が多様なかたちで示唆するのは、ジェンダーが空間を超えた人びとの移動という歴史における最も重要な側面のひとつにおいて中心的な特徴であったことなのだ。

ジェンダーと移民に関する研究の多くが強調するのは、トランスナショナルな家族経済の構築についてである。世帯は空間を超えて分散しているが、夫をある地域に、妻や子どもを別な地域に位置づけるジェンダー分業によって維持されている。ダナ・ガバッチアが合衆国におけるイタリア人移民に関する研究のなかで強調するのは、トランスナショナルな家族経済の重要性である。それは、一方では、合衆国やラテンアメリカに移住した男性によって、他方では、イタリアにとどまって経済活動を活発におこなっていた女性によって維持されていた。一九世紀には、受け入れ国での男性に対する労働力需要のために、男性の移動は、女性や家族全員が移住するよりも家族全体の経済的な安定にとってよりよい機会を提供できたのである。[39] より一般的に、ガバッチアが論じるのは、移民の文化的な背景にかかわりなく、家族の経済的な動機が移住の決定において最も重要な要因となったことである。一九世紀や二〇世紀初頭に女性が合衆国にやってきたときに、彼女たちは出身地である農村地帯でおこなっていたのと同じように仕事をするものと期待され、また大陸の向こう側で故郷の家族を経済的に支えるために貢献した。これは二〇世紀後半になると変化し始めるが、それはその時代には諸要因の結合によって女性も扶養家族として移住するようになったためである。一九世紀と二〇世紀において、大西洋世界の両岸での女性の生活は、賃労働と家庭での責務とを結びつけるものだった。合衆国での女性の雇用機会は、一般的に家内奉公や衣料産業での労働集約的な仕事に限定されていたのである。[40]

ガバッチアの著作が移住や移民の経験に影響を与えるジェンダー化された経済的、広い意味での文化的要因を対象としていたのに対して、メアリ・チェンバレンのオーラル・ヒストリーを駆使したイギリスにおけるカリブ海移民の研究は、移民のより情動的で主観的な側面を覗くための窓を開けてくれる。それは、イギリスに出入国するカリブ海移民の動態の分析をカリブ海からのより長期の人の移動のなかに位置づけている。すなわち、自由な移民、強制された移民、年季奉公の移民などの人の移動である。彼女が論じるには、トランスナショナリズムは、「カリブ海のディアスポラ的な文化の基本構造のなかに組み込まれている」のであった。[41] 人びとがカリブ海から移動して戻ってくる歴史のなかで、家族の存在は中心的であり続けた。チェンバレンの著作が示唆するのは、空間を超えた家族の紐帯は移民に適合しており、移民のもたらす壊滅的な影響を相殺していたことである。したがって、カリブ人のアイデンティティは、出身地や現住地といった場所と同じくらいに家族への帰属意識を基盤としていた。チェンバレンに聞き取りされた移民たちにとって、トランスナショナルで離散した家族は経済的であると同時に情動的な資源となっていたのである。

男性も女性も移動をおこなったが、そうした男女が基盤としていたのは、物質的ならびに情動的な支援を与えてくれるものとしての家族のネットワークである。しかし、チェンバレンは、男性と女性が移民の経験を異なるかたちで語っていたことを発見する。男性がカリブ海諸国からの移住を自発的かつ一時的なものであるという感覚を表出していたのに対して、女性は愛する人からの別離がもたらす情動的な落胆を強調した。身の上話を語るなかで、男性はイギリスでの定住の物語を語るために「私」という第一人称を用いて、独立して自律的な自己の感覚を表現していた。女性は集合的な「私たち」という言葉を用いて、他者との関連のなかで経験について語った。男性は移住を冒険心と経済的な成功の観点から語ったが、女性は別離と残された人びとに対する慕情という情動的な面を強調したのである。したがって、移民をめぐる状況は男女のあいだで同じだったのかもしれないが、説明と解釈の仕方は異なるものとなった(42)。チェンバレンの物語が光を投げかけてくれるのは、グローバルでトランスナショナルな移住の過程に影響を受け、それに参加しているジェンダー化された主観性なのである。

結論

本章では、ジェンダー史研究への多様なアプローチを概観しながら考察を加え、歴史家がジェンダーと歴史学について考える多様な方法と、歴史分析の新たな動向のいくつかを論じてきた。本章はまた、本書のこれまでの章で取り扱った様ざまな論点を要約したものであった。つまり、歴史とは何か、ジェンダーとは何か、セクシュアリティや身体、男らしさ、歴史におけるジェンダーの重要性といったものである。それはまた、読者に対して本書を通じて強調してきた人種やエスニシティの問題、奴隷制や植民地主義に対するジェンダーや性的な関係の重要性を思い起こさせるものであった。この最終章では、伝記やライフヒストリーのアプローチ、主観性や情動を明るみに出すテクスト読解の方法、ジェンダー的差異の文化的構築を確認する読解、歴史の原動力としての「国民」や「西洋」の双方を脱中心化するアプローチを加えてみた。本書を閉じるにあたって、ジェンダー史をこのように学術研究の活気ある領域としているアプローチの多元性に対して賞賛を送りたい。

訳者あとがき

本書は、日本ではピーター・バーク著『文化史とは何か』（法政大学出版局刊）などで知られるポリティ出版社の歴史学入門シリーズの一冊として刊行された、Sonya O. Rose, *What is Gender History?* (Cambridge: Polity Press, 2010) の全訳である。著者のソニア・O・ローズ氏は、一九世紀から二〇世紀にかけてのイギリスの社会史・ジェンダー史を専門とする歴史家である。一九九三年から二〇〇七年までミシガン大学で教鞭を執り、退任後の二〇〇七年から二〇一二年まではイギリスのウォーリック大学で名誉教授をつとめた。現在は、ミシガン大学名誉教授ならびにロンドン大学バークベック校名誉研究員として研究に従事している。本書が初めての日本語への翻訳となるが、彼女の著作には、ほかに以下のようなものがある。

単　著

Limited Livelihoods: Gender and Class in Nineteenth-Century England (Berkeley: University of California Press, 1992).

Which People's War?: National Identity and Citizenship in Wartime Britain, 1939-1945 (Oxford: Oxford University Press, 2003).

共　著

with Laura L. Frader (eds.), *Gender and Class in Modern Europe* (Ithaca, New York : Cornell University Press,1996).

with Kathleen Canning (eds.), *Gender, Citizenships and Subjectivities* (Oxford : Blackwell, 2002).

with Catherine Hall (eds.), *At Home with the Empire: Metropolitan Culture and the Imperial World* (Cambridge: Cambridge University Press, 2006).

ここからもわかるように、彼女の専門とする領域は、資本主義の発展のなかでの生活水準、シティズンシップ（選挙権）と第二次世界大戦の関係などを具体的対象としながら、ジェンダーを中心的概念として階級や国民的アイデンティティの問題を分析することにあった。現在は「世界戦争の時代、一九一〇年代—一九四〇年代」と題する研究プロジェクトを遂行中であり、それは『一六五〇年以降のジェンダー、戦争、西洋世界』と題して、オクスフォード大学出版会から刊行される予定となっている。このように彼女は、ジェンダー史を基軸に据えて、近現代の歴史を俯瞰する研究をおこなってきたといえる。現代の英語圏における実証的なジェンダー史研究の第一人者であると言っても過言ではなかろう。

＊

初心者向けのジェンダー史について余すところなく論じた感のある本書に対して、屋上屋を重ねるような「あとがき」は必要なかろう。しかし、内容について若干の「解説」らしきものを施すことにも、なにがしかの意味はあると思われる。

ジェンダー史研究は、フェミニズム運動によって促されてきた。そのフェミニズムの歴史的起源は、メアリ・ウルストンクラフト『女性の権利の擁護』（原著一七九二年／『女性の権利の擁護——政治および道徳問題の批判をこめて』白井堯子訳、未來社、一九八〇年）にあるといわれている。それに続いてとりわけ英米圏では、第一波フェミニズムと呼ばれる運動が一八六〇年代から一九二〇年代にかけて展開し、女性の政治的参加の権利を要求していった。この第一波フェミニズムは、女性参政権運動（サフラジズム）と同義の言葉になる。第二波フェミニズム運動は、政治差別の解消の果てに取り残された社会的差別、とりわけ家父長制と結びついた家庭重視《ドメスティック》イデオロギーに象徴される男女の役割分担を標的とすることになった。

ジェンダー概念は、この家庭重視イデオロギーを批判する武器として登場してくる。生物学的性差（セックス）のうえに社会文化的な性差として構築されたのが、ジェンダーであるというのだ。しかし近年、こうした二分法に対しては、哲学の領域から批判が提起されている。ジュディス・バトラーは、「パフォーマティヴィティ」という概念で、演じることによって事実性を再生産するメカニズムとしてジェンダーを捉え直した。そこでは、文化的性差であるジェンダーは身体が繰り返し反復することによって生成し、セックスはジェンダーによって「起源」として遡及的に構築される虚構であるとされる。バトラーの議論はクィア理論への導きとなり、既存のジェンダー秩序に対してゲイ・レズビアンの同性愛や異性装などが攪乱的効果をもつことを評価し、ジェンダー理論の発展に大きな影響を与えたのである。

ジェンダー史の発展は、こうしたフェミニズム理論におけるジェンダーとセックスをめぐる議論の系譜を踏まえてはじめて理解できよう。ジョーン・スコットによって歴史学に導入されたジェンダー概念は、当初、英米圏で伝統的な社会史研究のうえに接ぎ木されて「領域分離」を実証的に検討することを課題として、ヴィクトリア朝の中産階級の家族モデルの批判的検討へと向かった。合衆国のメアリ・ライアンや英国のレオノア・ダヴィドフとキャサリン・ホールらの古典的な社会史研究が生み出されたわけである。またジェンダーとセックスの古典的な二分法は、ジェンダー観念がセックス認識に与えた影響を指摘することで、トマス・ラカーやロンダ・シービンガーなどの科学史家により批判の俎上に載せられることになった。本書の第1章と第2章は、この間の研究のエッセンスが凝縮され、豊富な事例とともに紹介されている。

こうした学問体系としてのジェンダー史は、その領域を外延的に拡張していくことになった。事実、ジェンダー史は、その後、階級や人種といった差異をめぐる認識と絡まり合いながら領域を拡大していく（第3章）と同時に、男性史という分野を確立する（第4章）。そして、革命や国民国家の形成、戦争や市民権の拡大という伝統的な政治史的主題にも浸透して（第5章）、新しい政治文化論の一翼を形成している。著者自身が資本主義と家父長制の絡まり合いという経済史的テーマから戦争と市民権の問題の文化史的考察へと移動していったように、現代歴史学は文化論的転回を遂げて文化史へと軸足を移していったが、構築主義の文化史の影響のもとで、ジェンダー史は現代歴史学を推進していくひとつの機動力となってきたのである。

かくしてジェンダー史は、歴史学の周縁から中心へと移動して傍流から主流へ変化している感がある。そのことは、とりわけ本書の第6章の記述からうかがえる。ジョーン・スコットの議論は、ジェンダー史や女性史のあいだでの方法論をめぐる熱い論争を喚起することになったが、著者によれば、現在はスコットのポスト構造主義的理解とは異なる「中道路線」を歩むジェンダー史家が注目されなければならないという。彼女たちは、言説や言語を重視するポスト構造主義のアプローチを採用しながら、伝統的な社会的ならびに物質的条件の問題を基盤に据えて、さらに「主体性」ないしは「歴史的アクター」の役割を歴史解釈に持ち込もうとしているのである。それは、ジェンダー史に「経験」と「主体」という観念を再び導入することを企図しており、いわばポスト言語論的転回段階の歴史学を展望している。

そこで登場してきているのが、歴史的アクターの「主観性」に着目する研究である。すなわち、「個人の語り」(パーソナル・ナラティヴ)、エゴドキュメントやライフストーリーなどのアプローチを用いて、複雑な「主観性」を再構築しようとするものだ。たとえば、この分野ではイギリスのフェミニスト史家キャロライン・スティードマンの研究『良き女性の光景』(Carolyn Steedman, *Landscape for a Good Woman: A Story of Two Lives* (London : Virago Press, 1986))が古典的著作となっており、そこではオーラル・ヒストリーと精神分析学的アプローチが萌芽的なかたちで展開されていた。近年、ジョーン・スコットを含めてフェミニズム史学は精神分析学的アプローチへの傾斜を強めているが、非言語的な領域を含む女性の抑圧された経験を再構築していこうとする意図がそこにはあらわれている。著者もいうように、「個人の心理という視座から主観性を考察することは、ジェンダー史に対する新しい方向性を提出してくれる」(本書一八一頁)のである。

終章では、さらに空間論的転回の問題にも触れられている。国民国家を超えたジェンダーとトランスナショナル、トランスボーダー、ないしは「トランスローカル」な流動性の問題は、ひとつには、「モダンガール」に見られるように、近代的な女性の表象が流通し土着の要素と結合して受容されていく様子を通して分析されている。また移民や移動する人びとの歴史も扱われており、移動によって分散した家族とそこにおける女性の主観性の分析の紹介は、オーラル・ヒストリーやライフヒストリーの手法を用いたジェンダー史研究の今後の可能性を伝えてくれるものとなる。それらは、グローバル・ヒストリーや帝国史のコンテクストでのジェンダー化された主観性や感情の問題に注意を向けているのである。

＊

訳者のひとりである長谷川が、著者のソニア・ローズ氏にお目にかかったのは、二〇一二年に亡くなったエリック・ホブズボームを追悼する学会が、二〇一四年五月にロンドン大学バークベック校を中心に開催されたときのことだった。この学会は、碩学ホブズボームの歴史家としての歩みを回顧するという目的で組織され、二〇世紀論からマルクス主義、一七世紀危機論争、民衆史、女性史、歴史叙述などをめぐって、世界各地からの多数の歴史家が集う壮大な会となった。学会初日の懇親会の席上、フェミニストの歴史家たちがかつてのフェミニズムの街頭運動の常套手段だった「シットイン（座り込み）」と称して、立食会場で座り込みながら語り合っていた、その集団のなかにローズ氏がいた。日本語での翻訳が進行中だと告げると、たいそう喜んでくれて、訳業への支援を惜しまないと申し出てくださり、こちらも早めの刊行を期すことを約束して帰ってきた。

翻訳は、イギリス近代史を専門とする長谷川と、アメリカ現代史とりわけジェンダー史を専門とする兼子が分担しておこなった。兼子が第3章、第4章を、そのほかを長谷川が担当して下訳を作成して、相互に訳文をチェックしていった。その後、北海道大学文学部の演習で講読をおこなうなか、学生諸君が丁寧な作業で訳文を検討してくれた。またイギリス女性史やジェンダー史を専門とする梅垣千尋さんにも、訳文を読んで意見をいただいた。この場を借りて御礼を申し上げたい。法政大学出版局の編集者の岡林彩子さんは、最終段階では丁寧な仕事で訳者を全面的にサポートしてくれた。心からの感謝を申し上げたい。前任の編集者であった勝康裕さんと進めていた企画の段階からかなり時間がたってしまったが、著者のローズ氏とのロンドンでの約束を果たし、日本の読者に本書を届けられることに今はただ安堵している。学部学生や他分野の研究者など多くの人びとに手にとっていただき、ジェンダー史を通じた現代歴史学の醍醐味の一端を味わっていただけたら幸いである。

二〇一六年一〇月

訳者を代表して　長谷川貴彦

著　者

ソニア・O・ローズ（Sonya O. Rose）

ノースウェスタン大学（Ph. D.）。ミシガン大学名誉教授。近代イギリス史。

著　書：*Limited Livelihoods: Gender and Class in Nineteenth-Century England* (Berkeley: University of California Press, 1992), *Which People's War?: National Identity and Citizenship in Wartime Britain, 1939-1945* (Oxford: Oxford University Press, 2003)

訳　者

長谷川貴彦（はせがわ たかひこ）

1963年生まれ。東京大学大学院人文社会系研究科博士課程修了。北海道大学教授。近現代イギリス史、歴史理論。

著訳書：『現代歴史学への展望——言語論的転回を超えて』（岩波書店、2016年）、ピーター・バーク『文化史とは何か』（増補改訂版、法政大学出版局、2010年）、レオノア・ダヴィドフ／キャサリン・ホール『家族の命運——イングランド中産階級の男と女 1780〜1850』（名古屋大学出版会、2019年）

兼子　歩（かねこ あゆむ）

1974年生まれ。北海道大学大学院文学研究科博士後期課程単位修得退学。明治大学専任講師。アメリカ社会文化史、ジェンダー研究。

著訳書：『「ヘイト」の時代のアメリカ史——人種・民族・国籍を考える』（彩流社、2017年、共著）、ニナ・シルバー『南北戦争のなかの女と男——愛国心と記憶のジェンダー史』（岩波書店、2016年）

ジェンダー史とは何か

2016年12月30日　第1刷発行
2019年 9月 5日　第2刷発行

著　者　ソニア・O・ローズ
訳　者　長谷川貴彦・兼子　歩

発行所　一般財団法人 法政大学出版局
〒102-0071　東京都千代田区富士見 2-17-1
電話 03（5214）5540　振替 00160-6-95814

組版 村田真澄　印刷 ディグテクノプリント　製本 積信堂
装幀 奥定泰之

ISBN978-4-588-35008-5　Printed in Japan

索　引

［あ　行］

[か 行]

[さ　行]

[た　行]

［な　行］

［は　行］

[ま　行]

[や　行]

[ら　行]

原　註

第1章　なぜジェンダー史なのか？

（1）Renate Bridenthal and Claudia Koonz, "Introduction," in Renate Bridenthal and Claudia Koonz, eds., *Becoming Visible: Women in European History*, Boston: Houghton Mifflin, 1977, p. 1.

（2）ここでは，初期の女性史において探究された問いの代表例として，アメリカ合衆国およびイギリスの女性史の事例を考察する．

（3）Linda Kerber, "Separate Spheres, Female Worlds, Woman's Place: The Rhetoric of Women's History," *Journal of American History* 75 (1988), p. 11.

（4）Barbara Welter, "The Cult of True Womanhood: 1820-1860," *American Quarterly* 18 (1966), p. 152〔バーバラ・ウェルター／立原宏要訳「女は『女らしく』というモラルがつくられた」,『アメリカのおんなたち——愛と性と家族の歴史』教育社，1986年，56頁〕.

（5）Carroll Smith-Rosenberg, "The Female World of Love and Ritual: Relations between Women in Nineteenth-Century America," *Signs* 1 (1975), pp. 9-10〔キャロル・スミス・ローゼンバーグ／立原宏要訳「同性愛が認められていた十九世紀アメリカの女たち」,『アメリカのおんなたち——愛と性と家族の歴史』教育社，1986年，107頁〕.

（6）Nancy F. Cott, *The Bonds of Womanhood: "Women's Sphere" in New England: 1780-1835*, New Haven and London: Yale University Press, 1977.

（7）Sheila Rowbotham, *Woman's Consciousness, Man's World*, Harmondsworth: Penguin, 1973, p. 117〔シーラ・ローバトム／三宅義子訳『女の意識・男の世界』ドメス出版，1977年，180-181頁〕.

（8）Sheila Rowbotham, *Hidden from History: 300 Years of Women's Oppression and*

the Fight Against It, London: Pluto, 1973.

(9) Sally Alexander, "Women's Work in Nineteenth-Century London: A Study of the Years 1820-50," in Juliet Mitchell and Anne Oakley, eds., *The Rights and Wrongs of Women*, Harmondsworth: Penguin, 1976, pp. 59-111.

(10) Jill Liddington and Jill Norris, *One Hand Tied Behind Us: The Rise of the Women's Suffrage Movement*, London: Virago, 1978.

(11) Laura Oren, "The Welfare of Women in Laboring Families: England, 1860-1950," *Feminist Studies* 1 (1973), pp. 107-125.

(12) Leonore Davidoff, Jean L'Esperance, and Howard Newby, "Landscape with Figures: Home and Community in English Society," in Juliet Mitchell and Anne Oakley, eds., *The Rights and Wrongs of Women*, Harmondsworth: Penguin, 1976, pp. 139-175.

(13) Alice Kessler-Harris, "Where are the Organized Women Workers?" *Feminist Studies* 3 (1975), pp. 92-110.

(14) Alice Kessler-Harris, *Out to Work: A History of Wage-Earning Women in the United States*, New York: Oxford University Press, 1982.

(15) Thomas Dublin, *Women at Work: The Transformation of Work and Community in Lowell, Massachusetts, 1826-1860*, New York: Columbia University Press, 1979.

(16) Jacqueline Jones, *Labor of Love, Labor of Sorrow: Black Women, Work, and the Family from Slavery to the Present*, New York: Basic Books, 1985〔ジャクリーン・ジョーンズ／風呂本惇子・高見恭子・寺山佳代子訳『愛と哀——アメリカ黒人女性労働史』學藝書林，1997年〕.

(17) Christine Stansell, *City of Women: Sex and Class in New York, 1789-1860*, New York: Alfred A. Knopf, 1986.

(18) London Feminist History Group, *The Sexual Dynamics of History: Men's Power, Women's Resistance*, London: Pluto, 1983, p. 2.

(19) Ibid., p. 45.

(20) Joan Kelly-Gadol, "The Social Relation of the Sexes: Methodological Implications of Women's History," *Signs* 1 (1976), pp. 809-823.

(21) Natalie Zemon Davis, "Women's History in Transition: The European

Case," *Feminist Studies* 3 (1976), p. 90.

(22) Judith L. Newton, Mary P. Ryan, and Judith R. Walkowitz, "Editors' Introduction," in Judith L. Newton, Mary P. Ryan, and Judith R. Walkowitz, eds., *Sex and Class in Women's History*, London: Routledge, 1983, p. 1.

(23) Ibid.

(24) Renate Bridenthal, Claudia Koonz, and Susan Stuard, "Introduction," in Renate Bridenthal, Claudia Koonz, and Susan Stuard, eds., *Becoming Visible: Women in European History*, 2nd edition, Boston: Houghton Mifflin, 1987, p. 1.

(25) Joan Wallach Scott, "Gender: A Useful Category of Historical Analysis," in *Gender and the Politics of History*, revised edition, New York: Columbia University Press, 1999, pp. 28-50, esp. pp. 28-31〔ジョーン・W・スコット／荻野美穂訳「ジェンダー——歴史分析の有効なカテゴリーとして」,『ジェンダーと歴史学』増補新版，平凡社，2004年，72-118頁〕.

(26) Scott, "Introduction," in *Gender and the Politics of History*, p. 6〔スコット／荻野訳「序論」,『ジェンダーと歴史学』, 32-34頁〕.

(27) Mrinalini Sinha, *Colonial Masculinity: The "Manly Englishman" and the "Effeminate Bengali" in the Late Nineteenth Century*, Manchester: Manchester University Press, 1995.

(28) Joan Hoff, "Gender as a Postmodern Category of Paralysis," *Women's History Review* 3 (1994), p. 149.

(29) Ibid., p. 159.

(30) June Purvis, "From 'Women Worthies' to Post-structuralism? Debate and Controversy in Women's History in Britain," in June Purvis, ed., *Women's History: Britain, 1850-1945: An Introduction*, London: UCL Press, 1995, p. 13.

(31)「家父長制」という用語の有効性を強力に擁護する議論としては，以下を参照. Judith Bennett, "Feminism and History," *Gender & History* 1 (1989), pp. 251-272.

(32) Nancy F. Cott and Drew Gilpin Faust, "Recent Directions in Gender and Women's History," *OAH Magazine of History* 19 (2005), pp. 4-5.

(33) The editors, "Why Gender and History?" *Gender & History* 1 (1989), pp.

1-2.

(34) Michele Riot-Sarcey, "The Difficulties of Gender in France: Reflections on a Concept," in Leonore Davidoff, Keith McClelland, and Eleni Varikas, *Gender and History: Retrospect and Prospect*, Oxford: Blackwell, 2000, pp. 71-80.

(35) Gail Hershatter and Wang Zheng, "Chinese History: A Useful Category of Gender Analysis," *The American Historical Review* 113 (2008), pp. 1404-1421, esp. pp. 1412-1421.

第2章　身体とセクシュアリティ

(1) Joan Wallach Scott, *Gender and the Politics of History*, revised edition, New York: Columbia University, 1999, pp. ix-xiii and 197-222〔ジョーン・W・スコット／荻野美穂訳『ジェンダーと歴史学』増補新版，平凡社，2004年，9-18頁および402-442頁〕.

(2) Mary P. Ryan, *Mysteries of Sex: Tracing Women and Men through American History*, Chapel Hill: University of North Carolina Press, 2006.

(3) Londa Schiebinger, *Nature's Body: Gender in the Making of Modern Science*, Boston: Beacon, 1993〔ロンダ・シービンガー／小川眞里子・財部香枝訳『女性を弄ぶ博物学——リンネはなぜ乳房にこだわったのか？』工作社，1996年〕.

(4) Thomas Laqueur, *Making Sex: Body and Gender from the Greeks to Freud*, Cambridge, MA: Harvard University Press, 1990〔トマス・ラカー／高井宏子・細谷等訳『セックスの発明——性差の観念史と解剖学のアポリア』工作社，1998年〕.

(5) Schiebinger, *Nature's Body*, p. 122〔シービンガー／小川・財部訳『女性を弄ぶ博物学』，140-142頁〕.

(6) 批判については以下を参照. Katharine Park and Robert A. Nye, "Destiny is Anatomy," *The New Republic*, February 18, 1991, pp. 53-57; Michael Stolberg, "A Woman Down to Her Bones: The Anatomy of Sexual Difference in the Sixteenth and Early Seventeenth- Centuries," *Isis* 94 (2003),

pp. 274-299; and Dror Wahrman, "Change and the Corporeal in Seventeenth-Century Gender History: Or, Can Cultural History Be Rigorous?" *Gender & History* 20 (2008), pp. 584-602.

(7) 以下を参照. Judith Butler, *Gender Trouble*, London: Routledge, 1990〔ジュディス・バトラー／竹村和子訳『ジェンダー・トラブル――フェミニズムとアイデンティティの攪乱』青土社, 1999年〕; Judith Butler, *Bodies that Matter: On the Discursive Limits of "Sex,"* London: Routledge, 1993.

(8) Raewyn Connell, *Gender and Power: Society, the Person and Sexual Politics*, Cambridge: Polity,1987, p. 87〔ロバート・W・コンネル／森重雄・加藤隆雄・菊地栄治・越智康詞訳『ジェンダーと権力――セクシュアリティの社会学』三交社, 1997年, 146頁〕.

(9) Ibid., p. 84〔同書, 143頁〕.

(10) Elizabeth Grosz, *Volatile Bodies: Toward a Corporeal Feminism: Toward a Corporeal Feminism*, Bloomington: Indiana University Press, 1994; Anne Fausto-Sterling, *Sexing the Body: Gender Politics and the Construction of Sexuality*, New York: Basic Books, 2000.

(11) Kathleen Canning, "The Body as Method?" in *Gender History in Practice: Historical Perspectives on Bodies, Class, and Citizenship*, Ithaca: Cornell University Press, 2006.

(12) Joanna Bourke, *Dismembering the Male: Men's Bodies, Britain and the Great War*, London: Reaktion Books, 1996.

(13) 特に以下を参照. Mary Poovey, *Making a Social Body: British Cultural Formation, 1830-1864*, Chicago: University of Chicago Press, 1995.

(14) Caroline Walker Bynum, *Holy Feast and Holy Fast: The Religious Significance of Food to Medieval Women*, Berkeley and Los Angeles: University of California Press, 1988.

(15) Dorinda Outram, *The Body and the French Revolution: Sex, Class, and Political Culture*, New Haven: Yale University Press, 1989〔ドリンダ・ウートラム／高木勇夫訳『フランス革命と身体――性差・階級・政治文化』平凡社, 1993年〕.

(16) Lynn Hunt, "Freedom of Dress in Revolutionary France," in Londa

Schiebinger, ed., *Feminism and the Body*, Oxford: Oxford University Press, 2000, pp. 182-202.

(17) Isabel V. Hull, *Sexuality, State and Civil Society in Germany, 1700-1815*, Ithaca: Cornell University Press, 1996, p. 225.

(18) Douglas Northrop, *Veiled Empire: Gender and Power in Stalinist Central Asia*, Ithaca: Cornell University Press, 2004.

(19) Joan Wallach Scott, *The Politics of the Veil*, Princeton: Princeton University Press, 2007〔ジョーン・W・スコット／李孝徳訳『ヴェールの政治学』みすず書房，2012年〕.

(20) Afsaneh Najmabadi, *Women with Mustaches and Men without Beards: Gender and Sexual Anxieties of Iranian Modernity*, Berkeley: University of California Press, 2005.

(21) Raewyn Connell, "Sexual Revolution," in Lynne Segal, ed., *New Sexual Agendas*, Basingstoke: Macmillan, 1997, p. 70.

(22) Michel Foucault, *The History of Sexuality, Vol. 1: An Introduction*, translated from the French by Robert Hurley, London: Alien Lane, 1979〔ミシェル・フーコー／渡辺守章訳『性の歴史 I――知への意志』新潮社，1986年〕.

(23) Jeffrey Weeks, *Sexuality*, 2nd edition. London: Routledge, 2003, p. 30〔ジェフリー・ウィークス／上野千鶴子監訳『セクシュアリティ』河出書房新社，1996年，54頁．邦訳は第1版〕．強調は引用者による．

(24) David Halperin, *One Hundred Years of Homosexuality: And Other Essays on Greek Love*, London: Routledge, 1990〔デイヴィッド・M・ハルプリン／石塚浩司訳『同性愛の百年間――ギリシア的愛について』法政大学出版局，1995年〕.

(25) 概観については，Leila J. Rupp, "Toward a Global History of Same-Sex Sexuality," *Journal of the History of Sexuality* 10 (2001), pp. 287-302.

(26) Helmut Puff, *Sodomy in Reformation Germany and Switzerland 1400-1600*, Chicago: University of Chicago Press, 2003.

(27) Robert A. Nye, "Sexuality," in Teresa A. Meade and Merry E. Wiesner-Hanks, eds., *A Companion to Gender History*, Oxford: Blackwell, 2006, p. 15.

(28) Randolph Trumbach, *Sex and the Gender Revolution, Vol. I: Heterosexuality*

and the Third Gender in Enlightenment London, Chicago: University of Chicago Press, 1998.

(29) George Chauncey, *Gay New York: Gender, Urban Culture, and the Makings of the Gay Male World, 1890-1940*, New York: Basic Books, 1994.

(30) Martha Vicinus, "Introduction," in Martha Vicinus, ed., *Lesbian Subjects: A Feminist Studies Reader*, Bloomington: Indiana University Press, 1996, pp. 2-3.

(31) Ibid., pp. 8-9.

(32) Martha Vicinus, *Intimate Friends: Women Who Loved Women, 1778-1928*, Chicago: University of Chicago Press, 2004.

(33) Elizabeth Lapovsky Kennedy and Madeline D. Davis, *Boots of Leather, Slippers of Gold: The History of a Lesbian Community*, New York: Routledge, 1993.

(34) Hull, *Sexuality, State and Civil Society in Germany, 1700-1815*.

(35) Ruth Mazo Karras, *Common Women: Prostitution and Sexuality in Medieval England*, Oxford: Oxford University Press, 1996, p. 140.

(36) Lyndal Roper, *The Holy Household: Women and Morals in Reformation Augsburg*, Oxford: Oxford University Press, 1989, p. 129.

(37) Judith Walkowitz, *Prostitution and Victorian Society: Women, Class, and the State*, Cambridge: Cambridge University Press, 1980〔ジュディス・R・ウォーコウィッツ／永富友海訳『売春とヴィクトリア朝社会――女性，階級，国家』上智大学出版，2009年〕.

(38) Philippa Levine, *Prostitution, Race and Politics: Policing Venereal Disease in the British Empire*, London: Routledge, 2003.

(39) Annette F. Timm, "Sex with a Purpose: Prostitution, Venereal Disease, and Militarized Masculinity in the Third Reich," *Journal of the History of Sexuality* 11 (2002), pp. 223-255.

第3章　人種・階級・ジェンダー

(1) Vicki L. Ruiz and Ellen Carol DuBois, eds., *Unequal Sisters: A Multicultural*

Reader in U. S. Women's History, 3rd edition, London: Routledge, 2000, p. xi〔ヴィッキー・L・ルイス＆エレン・キャロル・デュボイス編／和泉邦子・勝方恵子・佐々木孝弘・松本悠子訳『差異に生きる姉妹たち——アメリカ女性史における人種・階級・ジェンダー』世織書房，1997年．第2版の抄訳〕．引用文中で引用されている言葉は，ジョアンヌ・メイヤロウィッツ（Joanne Meyerowitz）のものである．

（2）Ibid., p. xiii〔同書〕．

（3）Gisela Bock, "Women's History and Gender History: Aspects of an International Debate," *Gender & History* 1 (1989), pp. 15, 20.

（4）Linda Gordon, "Black and White Visions of Welfare: Women's Welfare Activism," in Ruiz and DuBois, eds., *Unequal Sisters: A Multicultural Reader in U. S. Women's History*, 3rd edition, London: Routledge, 2000, pp. 214-241〔リンダ・ゴードン／和泉邦子訳「黒人と白人の福祉観——女性の福祉活動，1890年—1945年」，ヴィッキー・L・ルイス＆エレン・キャロル・デュボイス編／和泉邦子・勝方恵子・佐々木孝弘・松本悠子訳『差異に生きる姉妹たち——アメリカ女性史における人種・階級・ジェンダー』世織書房，1997年，135-206頁．第2版の抄訳〕．

（5）Nancy Hewitt, "'Charity or Mutual Aid?': Two Perspectives on Latin Women's Philanthropy in Tampa, Florida," in Kathleen D. McCarthy, ed., *Lady Bountiful Revisited: Women, Philanthropy, and Power*, New Brunswick, NJ: Rutgers University Press, 1990, pp. 55-69.

（6）Ellen Ross, *Love and Toil: Motherhood in Outcast London, 1870-1918*, Oxford: Oxford University Press, 1993, p. 204.

（7）Gwendolyn Mink, *Wages of Motherhood: Inequality in the Welfare State, 1917-1942*, Ithaca: Cornell University Press, 1995. 特に第1章を参照．

（8）Nayan Shah, "Cleansing Motherhood: Hygiene and the Culture of Domesticity in San Francisco's Chinatown, 1875-1900," in Antoinette Burton, ed., *Gender, Sexuality and Colonial Modernities*, London: Routledge, 1999, pp. 19-32.

（9）Clare Midgley, *Women against Slavery: The British Campaigns, 1780-1870*, London: Routledge, 1992, pp. 200.

(10) Catherine Hall, *Civilising Subjects: Colony and Metropole in the English Imagination, 1830-1867*, Chicago: University of Chicago Press, 2002, p. 95.

(11) Ibid., p. 97.

(12) Antoinette Burton, *Burdens of History: British Feminists, Indian Women, and Imperial Culture, 1865-1955*, Chapel Hill: University of North Carolina Press, 1994.

(13) Melanie Newton, "Philanthropy, Gender, and the Production of Public Life in Barbados, ca 1790-ca 1850," in Pamela Scully and Diana Paton, eds., *Gender and Slave Emancipation in the Atlantic World*, Durham, NC: Duke University Press, 2005, pp. 225-246.

(14) Hall, *Civilising Subjects*, p. 16.

(15) Deborah Gray White, *Ar'n't I a Woman?: Female Slaves in the Plantation South*, New York: W. W. Norton, 1985.

(16) Jacqueline Jones, *Labor of Love, Labor of Sorrow: Black Women, Work, and the Family, from Slavery to the Present*, New York: Basic Books, 1985〔ジャクリーン・ジョーンズ／風呂本惇子・高見恭子・寺山佳代子訳『愛と哀——アメリカ黒人女性労働史』學藝書林，1997年〕.

(17) Kathleen M. Brown, *Good Wives, Nasty Wenches, and Anxious Patriarchs: Gender, Race and Power in Colonial Virginia*, Chapel Hill: University of North Carolina Press, 1996, p. 4.

(18) Ibid.

(19) Ibid., p. 104.

(20) Ibid., p. 2.

(21) Hilary McD. Beckles, "Freeing Slavery: Gender Paradigms in the Social History of Caribbean Slavery," in Brian L. Moore, B. W. Higman, Carl Campbell, and Patrick Bryan, eds., *Slavery, Freedom and Gender: The Dynamics of Caribbean Society*, Barbados: University of the West Indies Press, 2001, pp. 197-231.

(22) Jennifer L. Morgan, *Laboring Women: Reproduction and Gender in New World Slavery*, Philadelphia: University of Pennsylvania Press, 2004.

(23) Kirsten Fischer, *Suspect Relations: Sex, Race, and Resistance in Colonial North*

Carolina, Ithaca: Cornell University Press, 2002, p. 11.

(24) Pamela Scully, "Rape, Race, and Colonial Culture: The Sexual Politics of Identity in the Nineteenth-Century Cape Colony, South Africa," *The American Historical Review* 100 (1995), p. 388.

(25)「帝国主義的社会構成体」の語は，Mrinalini Sinha, *Colonial Masculinity: The "Manly Englishman" and the "Effeminate Bengali" in the Late Nineteenth Century*, Manchester: Manchester University Press, 1995, p. 2 によるものである．

(26) Philippa Levine, "Sexuality, Gender, and Empire," in Philippa Levine, ed., *Gender and Empire*, Oxford: Oxford University Press, 2004, p. 134.

(27) Ann Laura Stoler, "Making Empire Respectable: The Politics of Race and Sexual Morality in 20th-Century Colonial Cultures," *American Ethnologist* 16 (1989), p. 637.

(28) Levine, "Sexuality, Gender, and Empire," p. 137.

(29) Mary A. Procida, *Married to the Empire: Gender, Politics and Imperialism in India, 1883-1947*, Manchester: Manchester University Press, 2002.

(30) Stoler, "Making Empire Respectable," p. 641.

(31) Adele Perry, *On the Edge of Empire: Gender, Race, and the Making of British Columbia, 1849-1871*, Toronto: University of Toronto Press, 2001.

(32) Sylvia Van Kirk, *"Many Tender Ties": Women in Fur-Trade Society in Western Canada, 1670-1870*, Winnipeg, Manitoba: Watson and Dwyer, 1981〔シルヴィア・ヴァン・カーク／木村和男・田中俊弘訳『優しい絆――北米毛皮交易社会の女性史 1670-1870 年』麗澤大学出版会，2014 年〕．

(33) Sylvia Van Kirk, "From 'Marrying-In' to 'Marrying-Out': Changing Patterns of Aboriginal / Non-Aboriginal Marriage in Colonial Canada," *Frontiers* 23 (2002), pp. 1-11.

(34) Ann Laura Stoler, "Sexual Affronts and Racial Frontiers: European Identities and the Cultural Politics of Exclusion in Colonial Southeast Asia," *Comparative Studies in Society and History* 34 (1992), pp. 514-551 を参照．また，Ann Laura Stoler, ed., *Haunted by Empire: Geographies of Intimacy in North American History*, Durham, NC: Duke University Press, 2006 に収められた諸論文も

参照.

(35) Tyler Stovall, "Love, Labor and Race: Colonial Men and White Women in France during the Great War," in Tyler Stovall and Georges Van Den Abbeele, eds., *French Civilization and Its Discontents: Nationalism, Colonialism, Race*, Lanham, MD: Lexington Books, 2003, p. 307.

(36) Ibid., p. 313.

第4章　男性と男らしさ

(1) Michael S. Kimmel, *The History of Men: Essays in the History of American and British Masculinities*, Albany: SUNY Press, 2005, p. ix.

(2) Gail Bederman, *Manliness and Civilization: A Cultural History of Gender and Race in the United States, 1880-1917*, Chicago: University of Chicago Press, 1996, p. 18〔G・ビーダーマン／土屋由香訳「マンリネス（男らしさ）と文明――アメリカ合衆国におけるジェンダーと人種の文化史，1880-1917年」，『現代のエスプリ』第446号，2004年，83-101頁．ただし抄訳のため，ここで引用されている箇所は訳出されていない〕．

(3) Christopher E. Forth and Bertrand Taithe, "Introduction," in Christopher E. Forth and Bertrand Taithe, eds., *French Masculinities: History, Culture, Politics*, Basingstoke: Palgrave Macmillan, 2007, p. 6.

(4) 以下を参照. John Tosh, "What Should Historians Do with Masculinity? Reflections on Nineteenth-Century Britain," *History Workshop* 38 (1994), pp. 179-201.

(5) Judith Kegan Gardiner, "Introduction," in Judith Kegan Gardiner, ed., *Masculinity Studies and Feminist Theory: New Directions*, New York: Columbia University Press, 2002, p. 11.

(6) Tosh, "What Should Historians Do with Masculinity?" p. 183.

(7) Stefan Dudink, "Masculinity, Effeminacy, Time: Conceptual Change in the Dutch Age of Democratic Revolutions," in Stefan Dudink, Karen Hagemann, and John Tosh, eds., *Masculinities in Politics and War: Gendering Modern History*,

Manchester: Manchester University Press, 2004, p. 78.

(8) David Gilmore, *Manhood in the Making: Cultural Concepts of Masculinity*, New Haven: Yale University Press, 1990, p. 17〔デイヴィッド・ギルモア／前田俊子訳『「男らしさ」の人類学』春秋社，1994 年，20 頁〕.

(9) Forth and Taithe, "Introduction," p. 4.

(10) Ruth Mazo Karras, *From Boys to Men: Formations of Masculinity in Late Medieval Europe*, Philadelphia: University of Pennsylvania Press, 2003, p. 11.

(11) Ibid., p. 67.

(12) Ibid., p. 109.

(13) Alexandra Shepard, *Meanings of Manhood in Early Modern England*, Oxford: Oxford University Press, 2003, p. 3.

(14) Ibid., p. 96.

(15) Ibid.

(16) Ibid., p. 248.

(17) Kathleen M. Brown, *Good Wives, Nasty Wenches, and Anxious Patriarchs: Gender, Race, and Power in Colonial Virginia*, Chapel Hill: University of North Carolina Press, 1996, esp. pp. 138-140.

(18) Ibid., p. 139.

(19) Ibid., p. 140.

(20) Ibid., p. 185.

(21) Ibid., p. 366.

(22) Anne S. Lombard, *Making Manhood: Growing Up Male in Colonial New England*, Cambridge, MA: Harvard University Press, 2003, p. 9.

(23) Ibid., p. 12.

(24) Ibid., p. 72.

(25) Robert A. Nye, *Masculinity and Male Codes of Honor in Modern France*, Oxford: Oxford University Press, 1993, p. 167.

(26) Ibid., p. 71.

(27) Ibid., p. 13.

(28) Christopher E. Forth, *The Dreyfus Affair and the Crisis of French Manhood*, Baltimore and London: Johns Hopkins University Press, 2004, p. 62.

(29) Ibid., p. 171.

(30) Angus McLaren, *The Trials of Masculinity: Policing Sexual Boundaries 1870-1930*, Chicago: University of Chicago Press, 1997, p. 35.

(31) Bederman, *Manliness and Civilization*, p. 44.

(32) Michael S. Kimmel, "After Fifteen Years: The Impact of the Sociology of Masculinity on the Masculinity of Sociology," in Jeff Hearn and David Morgan, eds., *Men, Masculinities and Social Theory*, London: Unwin Hyman, 1990, p. 100.

(33) Lynne Segal, *Slow Motion: Changing Masculinities, Changing Men*, 3rd revised edition, Basingstoke: Palgrave, 2007, p. xxiv.

(34) Amy S. Greenberg, *Manifest Manhood and the Antebellum American Empire*, Cambridge: Cambridge University Press, 2005, p. 8.

(35) Ibid., p. 12.

(36) Ibid., pp. 272-273.

(37) Kristin L. Hoganson, *Fighting for American Manhood: How Gender Politics Provoked the Spanish-American and Philippine-American Wars*, New Haven: Yale University Press, 1998, p. 201.

(38) Ibid., p. 14.

(39) Ibid., p. 202.

(40) Ibid., p. 96.

(41) Mrinalini Sinha, *Colonial Masculinity: The "Manly Englishman" and the "Effeminate Bengali" in the Late Nineteenth Century*, Manchester: Manchester University Press, 1995.

(42) Ibid., p. 4.

(43) Ibid., p. 41.

(44) Heather Streets, *Martial Races: The Military, Race and Masculinity in British Imperial Culture, 1857-1914*, Manchester: Manchester University Press, 2004.

(45) Ibid., p. 11.

(46) Ibid., p. 157.

(47) Ibid., p. 133.

(48) Ibid., pp. 139-140.

(49) Ibid., p. 225.

(50) Bederman, *Manliness and Civilization*, p. 2〔ビーダーマン／土屋訳「マンリネス（男らしさ）と文明」，85 頁〕に引用されている．

(51) Ibid〔同所〕.

(52) Patrick McDevitt, *May the Best Man Win: Sport, Masculinity, and Nationalism in Great Britain and the Empire, 1880-1935*, Basingstoke: Palgrave, 2004, pp. 58-80.

(53) Ibid., p. 71.

(54) Ibid., p. 78 に引用されている．

(55) Ibid., p. 79.

(56) Ibid., p. 80.

(57) Leonore Davidoff and Catherine Hall, *Family Fortunes: Men and Women of the English Middle Class, 1780-1850*, revised edition, London: Routledge, 2002, p. 227〔レオノア・ダヴィドフ＆キャサリン・ホール／梅垣千尋・長谷川貴彦・山口みどり訳『家族の命運――イングランド中産階級の男と女 1780〜1850』名古屋大学出版会，2019 年，169 頁〕.

(58) Ibid., p. 329〔同書，254 頁〕.

(59) Ibid., p. 335〔同書，258 頁〕.

(60) John Tosh, *A Man's Place: Masculinity and the Middle-Class Home in Victorian England*, New Haven and London: Yale University Press, 1999, p. 4.

(61) Ibid., p. 6.

(62) Ibid., p. 7.

(63) Ibid., p. 189.

(64) Ibid., p. 194.

(65) Martin Francis, "The Domestication of the Male? Recent Research on Nineteenth- and Twentieth-Century British Masculinity," *The Historical Journal* 45 (2002), p. 641.

(66) Martin Francis, *The Flyer: British Culture and the Royal Air Force, 1939-1945*, Oxford: Oxford University Press, 2008, p. 84.

(67) David B. Marshall, "'A Canoe, and a Tent and God's Great Out-of-Doors': Muscular Christianity and the Flight from Domesticity, 1880s-1930s," in

Heather E. Ellis and Jessica Meyer, eds., *Masculinity and the Other: Historical Perspectives*, Newcastle: Cambridge Scholars, 2009, pp. 25-39.

(68) Michael Roper, "Maternal Relations: Moral Manliness and Emotional Survival in Letters Home during the First World War," in Stefan Dudink, Karen Hagemann, and John Tosh, eds., *Masculinities in Politics and War: Gendering Modern History*, Manchester: Manchester University Press, 2004, pp. 295-316.

(69) Ibid., p. 311.

(70) Mrinalini Sinha, "Giving Masculinity a History: Some Contributions from the Historiography of Colonial India," in Leonore Davidoff, Keith McClelland, and Eleni Varikas, eds., *Gender and History: Retrospect and Prospect,* Oxford: Blackwell, 2000, esp. pp. 35-37.

第５章　政治文化のジェンダー史に向けて

(1) Ann M. Little, *Abraham in Arms: War and Gender in Colonial New England*, Philadelphia: University of Pennsylvania Press, 2007, p. 3.

(2) Ibid., p. 7.

(3) Ibid., p. 9.

(4) Linda K. Kerber, "'History Can Do It No Justice': Women and the Reinterpretation of the American Revolution," in Ronald Hoffman and Peter J. Albert, eds., *Women in the Age of the American Revolution*, Charlottesville: University Press of Virginia, 1989, pp. 3-42 に引用されている.

(5) Mary Beth Norton, *Liberty's Daughters: The Revolutionary Experience of American Women, 1750-1800*, Ithaca: Cornell University Press, 1996, pp. 298-299.

(6) Ruth H. Bloch, "The Construction of Gender in a Republican World," in Jack P. Greene and J. R. Pole, eds., *A Companion to the American Revolution*, Oxford: Blackwell, 2000, p. 606.

(7) Ibid., p. 607.

(8) Mary P. Ryan, *Mysteries of Sex: Tracing Women and Men through American*

History, Chapel Hill: University of North Carolina Press, 2006, p. 154.

（9）Susan Juster, *Disorderly Women: Sexual Politics and Evangelicalism in Revolutionary New England*, Ithaca: Cornell University Press, 1994.

（10）Ibid., p. 216.

（11）Lynn Hunt, "The Many Bodies of Marie Antoinette: Political Pornography and the Problem of the Feminine in the French Revolution," in Gary Kates, ed., *The French Revolution: Recent Debates and New Controversies*, 2nd edition, New York: Routledge, 2006, p. 203.

（12）Ibid., p. 206.

（13）"Sunshine for Women," http://www.pinn.net/~sunshine/book-sum/gouges.html に引用されている

（14）Lynn Hunt, *The Family Romance of the French Revolution*, Berkeley: University of California Press, 1992, p. 82〔リン・ハント／西川長夫・平野千果子・天野千恵子訳『フランス革命と家族ロマンス』平凡社，1999 年，147 頁〕.

（15）Ibid., p. 154〔同書，281-282 頁〕.

（16）Suzanne Desan, *The Family on Trial in Revolutionary France*, Berkeley: University of California Press, 2004, p. 90.

（17）Benedict Anderson, *Imagined Communities: Reflections on the Origin and Spread of Nationalism*, revised edition, London: Verso, 1991〔ベネディクト・アンダーソン／白石さや・白石隆訳『想像の共同体――ナショナリズムの起源と流行』増補版，ＮＴＴ出版，1997 年〕.

（18）Ernest Gellner, *Nations and Nationalism*, Oxford: Blackwell, 1983, p. 6〔アーネスト・ゲルナー／加藤節監訳『民族とナショナリズム』岩波書店，2000 年，1 頁〕.

（19）Anne McClintock, "'No Longer in a Future Heaven': Nationalism, Gender, and Race," in Geoff Eley and Ronald Grigor Suny, eds., *Becoming National: A Reader*, Oxford: Oxford University Press, 1996, p. 260.

（20）Julie Skurski, "The Ambiguities of Authenticity in Latin America: Doña Bárbara and the Construction of National Identity," in Geoff Eley and Ronald Grigor Suny, eds., *Becoming National: A Reader*, Oxford: Oxford University

Press, 1996, pp. 371-402.

(21) この議論および続くいくつかの論点は，Mrinalini Sinha, *Gender and Nation*, Washington, DC: American Historical Association, 2006 に拠っている．

(22) Joan B. Landes, *Visualizing the Nation: Gender, Representation, and Revolution in Eighteenth-Century France*, Ithaca: Cornell University Press, 2001, p. 136.

(23) Quoted in Joan B. Landes, "Republican Citizenship and Heterosocial Desire: Concepts of Masculinity in Revolutionary France," in Stefan Dudink, Karen Hagemann, and John Tosh, eds., *Masculinities in Politics and War: Gendering Modern History*, Manchester: Manchester University Press, 2004, p. 97.

(24) Asfenah Najmabadi, *Women with Mustaches and Men without Beards: Gender and Sexual Anxieties of Iranian Modernity*, Berkeley: University of California Press, 2005, p. 116.

(25) Lisa Pollard, *Nurturing the Nation: The Family Politics of Modernizing, Colonizing, and Liberating Egypt, 1805-1923*, Berkeley: University of California Press, 2005, p. 8.

(26) Ibid., p. 10.

(27) Ibid., p. 196.

(28) Beth Baron, *Egypt as a Woman: Nationalism, Gender, and Politics*, Berkeley: University of California Press, 2005, p. 55.

(29) この議論は，Kumari Jayawardena, *Feminism and Nationalism in the Third World*, London: Zed Books, 1986, pp. 25-56〔クマーリ・ジャヤワルダネ／中村平治監修『近代アジアのフェミニズムとナショナリズム』新水社，2006 年，27-50 頁〕に基づいている．

(30) Susan L. Glosser, *Chinese Visions of Family and State, 1915-1953*, Berkeley: University of California Press, 2003, p. 4.

(31) Christina Kelley Gilmartin, *Engendering the Chinese Revolution: Radical Women, Communist Politics, and Mass Movements in the 1920s*, Berkeley: University of California Press, 1995, p. 19.

(32) Stefan Dudink and Karen Hagemann, "Masculinity in Politics and War in the Age of Democratic Revolutions, 1750-1850," in Stefan Dudink, Karen Hagemann, and John Tosh, eds., *Masculinities in Politics and War*, Manchester: Manchester University Press, 2004, p. 7.

(33) Ibid., p. 11.

(34) Michael J. Hughes, "Making Frenchmen into Warriors: Martial Masculinity in Napoleonic France," in Christopher E. Forth and Bertrand Taithe, *French Masculinities: History, Culture and Politics*, Basingstoke: Palgrave Macmillan, 2007, pp. 31-63.

(35) Karen Hagemann, "'Heroic Virgins' and 'Bellicose Amazons': Armed Women, the Gender Order and the German Public during and after the Anti-Napoleonic Wars," *European History Quarterly* 37 (2007), pp. 507-527.

(36)「総力戦」という語の詳細な分析および「銃後（home front)」という語の起源については，以下を参照．Karen Hagemann, "Home / Front: The Military, Violence and Gender Relations in the Age of the World Wars," in Karen Hagemann and Stefanie Schüler-Springorum, eds., *Home / Front: The Military, War and Gender in Twentieth-Century Germany*, Oxford: Berg, 2002, pp. 1-41.

(37) Nicoletta F. Gullace, *"The Blood of Our Sons": Men, Women, and the Renegotiation of British Citizenship during the Great War*, Houndsmills, Basingstoke: Palgrave Macmillan, 2002, p. 182.

(38) Matthew McCormack, *The Independent Man: Citizenship and Gender Politics in Georgian England*, Manchester: Manchester University Press, 2005, p. 52.

(39) Ibid., p. 133.

(40) Ibid., p. 197.

(41) Anna Clark, *The Struggle for the Breeches: Gender and the Making of the British Working Class*, Berkeley: University of California Press, 1995.

(42) ここでの議論は，以下の文献に基づいている．Catherine Hall, "The Rule of Difference: Gender, Class and Empire in the Making of the 1832 Reform Act," in Ida Blom, Karen Hagemann, and Catherine Hall, eds., *Gendered Nations: Nationalisms and Gender Order in the Long Nineteenth*

Century, Oxford: Berg, 2000, pp. 107-135.

(43) Keith McClelland, "England's Greatness, the Working Man," in Catherine Hall, Keith McClelland, and Jane Rendall, *Defining the Victorian Nation: Class, Race, Gender and the British Reform Act of 1867*, Cambridge: Cambridge University Press, 2000, p. 101.

(44) Ibid., p. 71.

第6章 「転回」以降の新潮流

(1) Geoff Eley and Keith Nield, *The Future of Class in History: What's Left of the Social?* Ann Arbor: the University of Michigan Press, 2007, p. 68.

(2) Kathleen Canning, *Gender History in Practice: Historical Perspectives on Bodies, Class, and Citizenship*, Ithaca: Cornell University Press, 2006, pp. 63-100.

(3) Bryan Palmer, *Descent into Discourse: The Reification of Language and the Writing of Social History*, Philadelphia: Temple University Press, 1990, p. 186.

(4) 論争については以下を参照．Lisa Duggan, "The Theory Wars, or, Who's Afraid of Judith Butler?" *Journal of Women's History* 10 (1998), pp. 9-20.

(5) Joan Wallach Scott, "Gender: A Useful Category of Historical Analysis," in *Gender and the Politics of History*, revised edition, New York: Columbia University Press, 1999, pp. 28-50〔ジョーン・W・スコット／荻野美穂訳「ジェンダー――歴史分析の有効なカテゴリーとして」，『ジェンダーと歴史学』増補新版，平凡社，2004年，72-118頁〕．

(6) Judith Walkowitz, *City of Dreadful Delight: Narratives of Sexual Danger in Late-Victorian London*, London: Virago, 1992.

(7) Canning, *Gender History in Practice*, p. 87.

(8) Ibid., p. 97.

(9) Ibid.

(10) Peter Burke, *What is Cultural History?* Cambridge: Polity Press, 2004, Chapters 4 and 5〔ピーター・バーク／長谷川貴彦訳『文化史とは何か』法政大学出版局，2008年，第4章および第5章〕．

(11) Eley and Nield, *The Future of Class in History*, p. 194.

(12) Canning, *Gender History in Practice*, pp. 212-237.

(13) Michael Roper, "Slipping Out of View: Subjectivity and Emotion in Gender History," *History Workshop Journal* 59 (2005), pp. 57-72.

(14) Ibid., p. 60.

(15) Ibid., p. 62.

(16) Ibid., p. 65.

(17) Ibid., p. 69.

(18) Timothy G. Ashplant, *Fractured Loyalties: Masculinity, Class and Politics in Britain, 1900-30*, London: Rivers Oram, 2007, p. 4.

(19) Ibid., p. 18.

(20) Ibid., pp. 10-11.

(21) Ibid., p. 11.

(22) Lyndal Roper, *Oedipus and the Devil: Witchcraft, Sexuality and Religion in Early Modern Europe*, London: Routledge, 1994, p. 228.

(23) Ibid., p. 17.

(24) この「規模」の問題をめぐる議論については，以下を参照. Antoinette Burton, "Not Even Remotely Global? Method and Scale in World History," *History Workshop Journal* 64 (2007), pp. 323-328.

(25) Kenneth Pomeranz, *The Great Divergence: China, Europe, and the Making of the Modern World Economy*, Princeton: Princeton University Press, 2000〔K・ポメランツ／川北稔監訳『大分岐――中国，ヨーロッパ，そして近代世界経済の形成』名古屋大学出版会，2015年〕.

(26) Alice Kessler-Harris, "Gender and Work: Possibilities for a Global Historical Overview," in Bonnie G. Smith, ed., *Women's History in Global Perspective, Vol. 1*, Urbana: University of Illinois Press, 2004, pp. 145-194; Laura Frader, "Gender and Labor in World History," in Teresa A. Meade and Merry E. Wiesner-Hanks, eds., *A Companion to Gender History*, Oxford: Blackwell, 2006, pp. 26-50.

(27) Peter N. Stearns, *Gender in World History*, London: Routledge, 2000.

(28) Tony Ballantyne and Antoinette Burton, "Introduction," in Tony Ballantyne

and Antoinette Burton, eds., *Bodies in Contact: Rethinking Colonial Encounters in World History*, Durham, NC: Duke University Press, 2005, p. 3.

(29) Mrinalini Sinha, "Mapping the Imperial Social Formation: A Modest Proposal for Feminist History," *Signs* 25 (2000), pp. 1077-1082.

(30) Mrinalini Sinha, *Specters of Mother India: The Global Restructuring of an Empire*, Durham, NC: Duke University Press, 2006.

(31) Tani E. Barlow, Madeleine Yue Dong, Uta G. Poiger, Priti Ramamurthy, Lynn M. Thomas, and Alys Eve Weinbaum, "The Modern Girl around the World: A Research Agenda and Preliminary Findings," *Gender & History* 17 (2005), p. 246.

(32) Ibid., p. 248.

(33) Marilyn Lake, "Fellow Feeling: A Transnational Perspective on Conceptions of Civil Society and Citizenship in 'White Men's Countries' 1890-1910," in Karen Hagemann, Sonya Michel, and Gunilla Budde, eds., *Civil Society and Gender Justice: Historical and Comparative Perspectives*, Oxford: Berghahn Books, 2008, pp. 265-284.

(34) Marilyn Lake, "The White Man under Siege: New Histories of Race in the Nineteenth Century and the Advent of White Australia," *History Workshop Journal* 58 (2004), p. 58.

(35) Kathleen Wilson, "Thinking Back: Gender Misrecognition and Polynesian Subversions aboard the Cook Voyages," in Kathleen Wilson, ed., *A New Imperial History: Culture, Identity and Modernity, in Britain and the Empire 1660-1840*, Cambridge: Cambridge University Press, 2004, p. 352.

(36) Tony Ballantyne and Antoinette Burton, eds., *Moving Subjects: Gender, Mobility, and Intimacy in an Age of Global Empire*, Urbana: University of Illinois Press, 2009, Tony Ballantyne and Antoinette Burton, "Introduction: The Politics of Intimacy in an Age of Empire," p. 9, and "Epilogue: The Intimate, the Translocal, and the Imperial in an Age of Mobility," pp. 335-338.

(37) Michael A. McDonnell, "'Il a Épousé une Sauvagesse': Indian and Métis Persistence across Imperial and National Borders," in Tony Ballantyne and Antoinette Burton, eds., *Moving Subjects: Gender, Mobility, and Intimacy in an

Age of Global Empire, Urbana: University of Illinois Press, 2009, pp. 149-171.

(38) Dirk Hoerder, *Cultures in Contact: World Migration in the Second Millennium*, Durham, NC: Duke University Press, 2002.

(39) Donna Gabaccia, "When the Migrants are Men: Italy's Women and Transnationalism as a Working-Class Way of Life," in Pamela Sharpe, ed., *Women, Gender and Labour Migration: Historical and Global Perspectives*, London: Routledge, 2001.

(40) Donna Gabaccia, *From the Other Side: Women, Gender, and Immigrant life in the U. S., 1820-1990*, Bloomington: Indiana University Press, 1994.

(41) Mary Chamberlain, *Family Love in the Diaspora: Migration and the Anglo-Caribbean Experience*, New Brunswick, NJ: Transaction Publishers, 2006, p. 94.

(42) Mary Chamberlain, *Narratives of Exile and Return*, London: St Martin's Press, 1997; reissued London: Transaction Publishers, 2005.

読書案内

さらに読書を進めるためのこの推薦書リストは，包括的であることを意図していない．したがって，必然的にリストは選択的であり，決定版ではない．推薦書の分類は重なり合うことがあり，いくつかの推薦書は複数のカテゴリーに当てはまりうる．また，読者がこの分野の最先端の研究成果をさらに知ることができるように，「古典」よりも相対的に新しい文献をおもに列挙した．全体として，本書のなかで議論したか巻末の註で引用された文献は，論文集を除いて含めなかった．しかし，それらの書物は，その多くがジェンダー史研究に多大な貢献をなした文献の包括的なリストには含まれるので，読者にはさらなる読書のための推薦書リストにそれらの作品を含めることを強く勧めたい．

第１章　なぜジェンダー史なのか？

この分野の概観，および歴史学におけるジェンダーの広範なトピックに関する有益な論文集としては，以下を参照．

S. Brownell and J. Wasserstrom, eds., *Chinese Femininities / Chinese Masculinities: A Reader*, Berkeley: University of California Press, 2002.

R. Connell, *Gender in World Perspective*, Cambridge: Polity, 2009.

L. Davidoff, K. McClelland, and E. Varikas, eds., *Gender and History: Retrospect and Prospect*, Oxford: Blackwell, 2000.

L. Downs, *Writing Gender History*, 2nd edition, London: Hodder Arnold, 2009.

D. Glover and C. Kaplan, *Genders*, 2nd edition, New York: Routledge, 2009.

S. Kent, *Gender and Power in Britain, 1640-1990,* London: Routledge, 1999.

L. Kerber, A. Kessler-Harris, and K. Sklar, eds., *U. S. History as Women's History: New Feminist Essays*, Chapel Hill: University of North Carolina Press, 1995.

S. Kleinberg, E. Boris, and V. Ruiz, eds., *The Practice of U. S. Women's History: Narratives, Intersections and Dialogues*, New Brunswick, NJ: Rutgers University Press, 2007.

T. Meade and M. Wiesner-Hanks, eds., *A Companion to Gender History*, Oxford: Blackwell, 2004.

J. Parr, "Gender History and Historical Practice," *Canadian Historical Review* 76 (1995), pp. 354-376.

V. Ruiz with E. C. DuBois, eds., *Unequal Sisters: An Inclusive Reader in U. S. Women's History*, 4th edition, London: Routledge, 2008〔和泉邦子・勝方恵子・佐々木孝弘・松本悠子訳『差異に生きる姉妹たち――アメリカ女性史における人種・階級・ジェンダー』世織書房，1997年．第2版の抄訳〕.

M. Wiesner-Hanks, *Gender in History: New Perspectives on the Past*, Malden, MA: Blackwell, 2001.

M. Wiesner-Hanks, *Women and Gender in Early Modern Europe*, 3rd edition, Cambridge: Cambridge University Press, 2008.

「歴史学」について言及した論考を含む，以下の2つの書を参照.

J. M. Bennett, *History Matters: Patriarchy and the Challenge of Feminism*, Manchester: Manchester University Press, 2006.

B. G. Smith, *The Gender of History: Men, Women, and Historical Practice*, Cambridge, MA: Harvard University Press, 1998.

第2章　身体とセクシュアリティ

セックス／ジェンダーの区分に関する洞察に富んだ論文として，以下を参照.

R. Braidotti, "The Uses and Abuses of the Sex / Gender Distinction in European Feminist Practices," in G. Griffin and R. Braidotti, eds., *Thinking Differently: A Reader in European Women's Studies*, London: Zed Books, 2002.

A. Najmabadi,"Beyond the Americas: Are Gender and Sexuality Useful Categories of Historical Analysis?" *Journal of Women's History* 18 (2006), pp. 11-21.

科学とセックス／ジェンダーについては，

L. Jordanova, *Nature Displayed: Gender, Science and Medicine 1760-1820*, London: Longman, 1999.

N. Stepan, "Race, Gender, Science and Citizenship," *Gender & History* 10 (1998), pp. 26-52.

身体については，

C. Bynum, "Why All the Fuss about the Body? A Medievalist's Perspective," *Critical Inquiry* 22 (1995), pp. 1-33.

L. Frader, "From Muscles to Nerves: Gender, 'Race' and the Body at Work in France 1919-1939," *International Review of Social History* 44 (1999), supplement, pp. 123-147.

D. Smail, *On Deep History and the Brain*, Berkeley: University of California Press, 2008.

セクシュアリティについては，以下を参照．

L. Bland, "White Women and Men of Colour: Miscegenation Fears in Britain after the Great War," *Gender & History* 17 (2005), pp. 29-61.

J. Bristow, *Sexuality*, London: Routledge, 1997.

M. Cook, R. Mills, R. Trumbach, and H. Cocks, *A Gay History of Britain: Love and Sex between Men since the Middle Ages*, Oxford: Greenwood World, 2007.

J. D'Emilio and E. B. Freedman, *Intimate Matters: A History of Sexuality in America*, 2nd edition, Chicago: University of Chicago Press, 1997.

M. Houlbrook, *Queer London: Perils and Pleasures in the Sexual Metropolis, 1918-1957*, Chicago: University of Chicago Press, 2005.

A. McLaren, *Twentieth-Century Sexuality: A History*, Oxford: Blackwell, 1999.

F. Mort, *Dangerous Sexualities: Medico-Moral Politics in England since 1830*, 2nd edition, London: Routledge, 2000.

R. Nye, ed., *Sexuality*, Oxford: Oxford University Press, 1999.

A. L. Stoler, *Race and the Education of Desire: Foucault's "History of Sexuality" and the Colonial Order of Things*, Durham, NC: Duke University Press, 1995.

第3章　人種・階級・ジェンダー

博愛主義については，

D. Elliott, *The Angel Out of the House: Philanthropy and Gender in Nineteenth-Century England*, Charlottesville: The University Press of Virginia, 2002.

V. Nguyen-Marshall, *In Search of Moral Authority: The Discourse on Poverty, Poor Relief, and Charity in French Colonial Vietnam*, Oxford: Peter Lang, 2009.

奴隷制と奴隷解放後の社会については，以下を参照．

S. D. Amussen, *Caribbean Exchanges: Slavery and the Transformation of English Society, 1640-1700,* Chapel Hill: University of North Carolina Press, 2007.

G. Heuman and J. Walvin, *The Slavery Reader*, London: Routledge, 2003.

M. Nishida, *Slavery and Identity: Ethnicity, Gender and Race in Salvador, Brazil 1808-1888,* Bloomington: Indiana University Press, 2003.

D. Paton, *No Bond but the Law: Punishment, Race, and Gender in Jamaican State Formation, 1780-1870*, Durham, NC: Duke University Press, 2004.

H. Rosen, *Terror in the Heart of Freedom: Citizenship, Sexual Violence, and the Meaning of Race in the Postemancipation South*, Chapel Hill: University of North Carolina Press, 2009.

P. Scully and D. Paton, eds., *Gender and Slave Emancipation in the Atlantic World*, Durham, NC: Duke University Press, 2005.

帝国と植民地主義に関しては，

A. Burton, ed., *Gender, Sexuality and Colonial Modernities*, London: Routledge, 1999.

C. Crais and P. Scully, *Sarah Baartman and the Hottentot Venus: A Ghost Story and a Biography*, Princeton: Princeton University Press, 2008.

C. Hall, ed., *Cultures of Empire: Colonizers in Britain and the Empire in the Nineteenth and Twentieth Centuries: A Reader*, New York: Routledge, 2000.

P. Levine, ed., *Gender and Empire*, Oxford: Oxford University Press, 2004.

P. Levine, *Prostitution, Race, and Politics: Policing Venereal Disease in the British*

Empire, London: Routledge, 2003.

A. McClintock, *Imperial Leather: Race, Gender and Sexuality in the Colonial Contest*, New York: Routledge, 1995〔アン・マクリントック／村山敏勝訳「帝国の革ひも——人種・異装・家庭崇拝」(上)・(下),『思想』第 886-887 号, 1998 年, 34-59 頁, 93-115 頁. 抄訳〕.

R. Pierson and N. Chaudhuri, eds., *Nation, Empire, Colony: Historicizing Gender and Race*, Bloomington: Indiana University Press, 1998.

J. Clancy-Smith and E. Gouda, eds., *Domesticating the Empire: Race, Gender, and Family Life in French and Dutch Colonialism*, Charlottesville: University Press of Virginia, 1998.

A. L. Stoler, *Carnal Knowledge and Imperial Power: Race and the Intimate in Colonial Rule*, Berkeley: University of California Press, 2002〔アン・ローラ・ストーラー／永渕康之・水谷智・吉田信訳『肉体の知識と帝国の権力——人種と植民地支配における親密なるもの』以文社, 2010 年〕.

K. Wilson, *The Island Race: Englishness, Empire and Gender in the Eighteenth Century*, London: Routledge, 2003.

A. Woollacott, *Gender and Empire*, Basingstoke: Palgrave Macmillan, 2006.

第 4 章　男性と男らしさ

男性と暴力の問題に関しては,

L. Braudy, *From Chivalry to Terrorism: War and the Changing Nature of Masculinity*, New York: Alfred A. Knopf, 2003.

S. Stern, *The Secret History of Gender: Women, Men, and Power in Late Colonial Mexico*, Chapel Hill: University of North Carolina Press, 1995.

様ざまな社会・時代における男性と男性性の概観および論考としては, 以下を参照.

B. Clements, R. Friedman, and D. Healey, eds., *Russian Masculinities in History and Culture*, Basingstoke: Palgrave, 2002.

R. Connell, *Masculinities*, 2nd edition, Cambridge: Polity, 2005.

C. E. Forth, *Masculinity in the Modern West: Gender, Civilization and the Body*, Basingstoke: Palgrave Macmillan, 2008.

T. Hitchock and M. Cohen, *English Masculinities 1660-1800*, London: Longman, 1999.

M. Kessel, "The 'Whole Man': The Longing for a Masculine World in Nineteenth-Century Germany," *Gender & History* 15 (2003), pp. 1-31.

M. Kimmel, *Manhood in America: A Cultural History*, 2nd edition, Oxford: Oxford University Press, 2006.

L. Lindsay and S. Miescher, eds., *Men and Masculinities in Modern Africa*, Westport, CT: Heinemann, 2003.

K. Louie, *Theorizing Chinese Masculinity: Society and Gender in China*, Cambridge: Cambridge University Press, 2002.

J. Martinez and C. Lowrie, "Colonial Constructions of Masculinity: Transforming Aboriginal Australian Men into 'Houseboys,'" *Gender & History* 21 (2009), pp. 305-323.

J. Tosh, *Manliness and Masculinities in Nineteenth-Century Britain: Essays on Gender, Family and Empire*, Harlow: Pearson Longman, 2005.

男性性の歴史研究に関する批判としては，以下を参照.

T. Ditz, "The New Men's History and the Peculiar Absence of Gendered Power: Some Remedies from Early American Gender History," *Gender & History* 16 (2004), pp. 1-35.

第５章　政治文化のジェンダー史に向けて

インディアンおよび植民地的な遭遇に関しては,

J. Barr, *Peace Came in the Form of a Woman: Indians and Spaniards in the Texas Borderlands*, Chapel Hill: University of North Carolina Press, 2007.

T. Perdue, *Cherokee Women: Gender and Culture Change, 1700-1835*, Lincoln: University of Nebraska Press, 1998.

C. Saunt, *Black, White, and Indian: Race and the Unmaking of an American Family*,

Oxford University Press, 2005.
革命・政治・戦争に関する概観および論文集としては，以下を参照.
A. Timm and J. Sanborn, *Gender, Sex and the Shaping of Modern Europe: A History from the French Revolution to the Present Day*, New York: Berg, 2007.
S. Dudink, K. Hagemann, and J. Tosh, eds., *Masculinities in Politics and War: Gendering Modern History*, Manchester: Manchester University Press, 2004.
様ざまな革命については，以下を参照.
L. Dubois, *Avengers of the New World: The Story of the Haitian Revolution*, Cambridge, MA: Belknap Press of Harvard University Press, 2004 はハイチ革命に関するもの.
D. Davidson, *France after Revolution: Urban Life, Gender and the New Social Order*, Cambridge, MA: Harvard University Press, 2007.
J. Heuer, *The Family and the Nation: Gender and Citizenship in Revolutionary France, 1789-1830*, Ithaca: Cornell University Press, 2005.
K. Davies, *Catharine Macaulay and Mercy Otis Warren: The Revolutionary Atlantic and the Politics of Gender*, Oxford: Oxford University Press, 2005.
S. Smith, *Gender and the Mexican Revolution: Yucatán Women and the Realities of Patriarchy*, Chapel Hill: University of North Carolina Press, 2009.
戦争に関しては，
S. Grayzel, *Women's Identities at War: Gender, Motherhood, and Politics in Britain and France during the First World War*, Chapel Hill: University of North Carolina Press, 1999.
P. Krebs, *Gender, Race, and the Writing of Empire: Public Discourse and the Boer War*, Cambridge: Cambridge University Press, 1999.
J. Meyer, *Men of War: Masculinity and the First World War in Britain*, Basingstoke: Palgrave Macmillan, 2009.
R. Smith, *Jamaican Volunteers in the First World War: Race, Masculinity and the Development of National Consciousness*, Manchester: Manchester University Press, 2004.
P. Summerfield and C. Peniston-Bird, *Contesting Home Defence: Men, Women and the Home Guard in the Second World War*, Manchester: Manchester University

Press, 2007.

ジェンダーと戦後復興については，

C. Duchen and I. Bandhauer-Schoffmann, eds., *When the War Was Over: Women, War and Peace in Europe, 1940-1956*, London: Leicester University Press, 2000.

D. Herzog, *Sex after Fascism: Memory and Morality in Twentieth-Century Germany*, Princeton: Princeton University Press, 2005〔ダグマー・ヘルツォーク／川越修・田野大輔・荻野美穂訳『セックスとナチズムの記憶―― 20世紀ドイツにおける性の政治化』岩波書店，2012年〕.

M. L. Roberts, *Civilization without Sexes: Reconstructing Gender in Postwar France*, Chicago: University of Chicago Press, 1994.

Signs 24 (1998), pp. 101-169 での "The 'Remasculinization' of Germany in the 1950s" に関する，R. Moeller, H. Fehrenbach, S. Jeffords によるフォーラムおよび論文も参照.

ネーションとシティズンシップについては，

I. Blom, K. Hagemann, and C. Hall, eds., *Gendered Nations: Nationalisms and Gender Order in the Long Nineteenth Century*, Oxford: Berg, 2000.

K. Canning and S. Rose, *Gender, Citizenships and Subjectivities*, Oxford: Blackwell, 2002.

S. Dudink, K. Hagemann, and A. Clark, eds., *Representing Masculinity: Male Citizenship in Modern Western Culture*, Basingstoke: Palgrave, 2007.

C. Hall, K. McClelland, and J. Rendall, *Defining the Victorian Nation: Class, Race, Gender and the British Reform Act of 1867*, Cambridge: Cambridge University Press, 2000.

S. Heathorn, *For Home, Country and Race: Constructing Gender, Class, and Englishness in the Elementary School 1880-1914*, Toronto: University of Toronto Press, 1999.

J. Hogan, *Gender, Race and National Identity: Nations of Flesh and Blood*, New York: Routledge, 2009.

L. Kerber, *No Constitutional Right to be Ladies: Women and the Obligations of Citizenship*, New York: Hill and Wang, 1998.

J. Surkis, *Sexing the Citizen: Morality and Masculinity in France 1870-1920*, Ithaca:

Cornell University Press, 2006.

労働と工業化に関する概観および論文として,

A. Baron, "Masculinity, the Embodied Male Worker, and the Historian's Gaze," *International Labor and Working-Class History* 69 (2006), pp. 143-160.

L. Frader and S. Rose, eds., *Gender and Class in Modern Europe*, Ithaca: Cornell University Press, 1996.

L. Frader, "Labor History after the Gender Turn: Transatlantic Cross Currents and Research Agendas," *International Labor and Working-Class History* 63 (2003), pp. 21-31.

K. Honeyman, *Women, Gender and Industrialization in England, 1700-1870*, Basingstoke: Macmillan, 2000.

Eileen Yeo, "Gender in Labour and Working-Class History," in L. van Voss and M. van der Linden, eds., *Class and Other Identities: Gender, Religion and Ethnicity in the Writing of European Labour History*, New York: Berghahn Books, 2002, pp. 73-87.

様ざまな社会におけるジェンダーと労働に関する研究としては, 以下を参照.

K. Canning, *Languages of Labor and Gender: Female Factory Work in Germany, 1850-1914*, Ithaca: Cornell University Press, 1996.

L. Downs, *Manufacturing Inequality: Gender Division in the French and British Metalworking Industries, 1914-1939*, Ithaca: Cornell University Press, 1995.

W. Z. Goldman, *Women at the Gates: Gender and Industry in Stalin's Russia*, Cambridge: Cambridge University Press, 2002.

第6章 「転回」以降の新潮流

歴史への様ざまな文化的アプローチの評価については, 以下を参照.

E. Clark, *History, Theory, Text: Historians and the Linguistic Turn*, Cambridge, MA: Harvard University Press, 2004.

G. Eley, *A Crooked Line: From Cultural History to the History of Society*, Ann Arbor:

University of Michigan Press, 2005.
G. Lerner, "U. S. Women's History: Past, Present, and Future," *Journal of Women's History* 16 (2004), pp. 10-27.
G. Spiegel, "Introduction," in G. Spiegel, ed., *Practicing History: New Directions in Historical Writing after the Linguistic Turn*, New York: Routledge, 2005, pp. 1-31.

世界史／グローバル・ヒストリー／トランスナショナル・ヒストリーに関しては，

L. Edwards and M. Roces eds., *Women's Suffrage in Asia: Gender, Nationalism and Democracy*, London: Routledge / Curzon 2004.
L. Rupp, "Teaching about Transnational Feminisms," *Radical History Review* 101 (2008), pp. 191-197.
P. Sharpe, ed., *Women, Gender and Labour Migration: Historical and Global Perspectives*, London: Routledge, 2001.
B. Smith, ed., *Women's History in Global Perspective*, 3 volumes, Urbana: University of Illinois Press, 2004-2005.
B. Smith, ed., *The Oxford Encyclopedia of Women in World History*, 4 volumes, Oxford: Oxford University Press, 2008.
A. Walthall, ed., *Servants of the Dynasty: Palace Women in World History*, Berkeley: University of California Press, 2008.
M. Wiesner-Hanks, "World History and the History of Women, Gender, and Sexuality," *Journal of World History* 18 (2007), pp. 53-67.
J. Zinsser, "Women's History, World History, and the Construction of New Narratives," *Journal of Women's History* 12 (2000), pp. 196-206.

主観性と精神分析学的アプローチについては，以下を参照.

R. Braidotti, "Identity, Subjectivity and Difference: A Critical Genealogy," in G. Griffen and R. Braidotti, eds., *Thinking Differently: A Reader in European Women's Studies*, London: Zed Books, 2002, pp. 158-180.
N. Mansfield, *Subjectivity: Theories of the Self from Freud to Haraway*, New York: New York University Press, 2000.
M. Roper, *The Secret Battle: Emotional Survival in the Great War*, Manchester:

Manchester University Press, 2010.

P. Summerfield, *Reconstructing Women's Wartime Lives: Discourse and Subjectivity in Oral Histories of the Second World War*, Manchester: Manchester University Press, 1998.

"Feature: Psychoanalysis and History," *History Workshop Journal* 45 (1998), pp. 135-221 に収められた諸論文も参照.